Bert Mehlhaff & Martina Berg

Richtig schießen mit dem Compoundbogen

Deutscher Bogensportverlag
www.deutscher-bogensportverlag.de

Über die Autoren

Bert Mehlhaff
betreibt den Bogensport seit fast 40 Jahren und ist mehrfacher Landesmeister sowie Deutscher Meister mit dem Recurvebogen.

Er ist lizenzierter DSB-Trainer und seit einigen Jahren Bogenreferent für den Schützenkreis Lippe. In dieser Eigenschaft hat er schon einige Bogensport-Abteilungen ins Leben gerufen. Seit 7 Jahren schießt er Compoundbogen und ist oft auf 3D-Parcours anzutreffen.

Martina Berg
ist Inhaberin von Bogensport Deutschland, einem Fachhandelsgeschäft für Bogensportartikel und seit einigen Jahren begeisterte Bogenschützin.

Sie schießt instinktiv mit einem Hybridbogen, ist DFBV-Trainerin und Lippische Meisterin mit dem traditionellen Bogen. Seit einiger Zeit schießt sie auch mit einem Compound- und einem olympischen Recurvebogen.

Internet: www.bogensport-deutschland.de

Bert Mehlhaff & Martina Berg

Richtig schießen mit dem Compoundbogen

Von Anfang an – mit vielen praktischen Trainingstipps

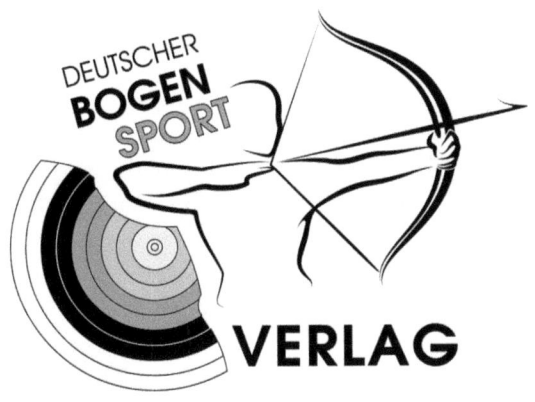

Deutscher Bogensportverlag
www.deutscher-bogensportverlag.de

Bibliografische Information der Deutschen Nationalbibliothek:
Die Deutsche Bibliothek verzeichnet diese Publikation in der
Deutschen Nationalbibliografie; detaillierte bibliografische
Daten sind im Internet unter http://dnb.dnb.de abrufbar.

© Deutscher Bogensportverlag GbR
Bert Mehlhaff und Martina Berg
Bad Pyrmont 2018

Fotos: © Martina Berg, Bert Mehlhaff
Fotomodels: Bert Mehlhaff, Kerstin Niere

Herstellung und Verlag:
BoD – Books on Demand, Norderstedt 2018

ISBN: 9783746044477

Inhaltsverzeichnis

Ein paar einleitende Worte

Seit den Olympischen Spielen 1972 in München gehört Bogenschießen wieder zu den olympischen Sportarten (allerdings mit
dem Recurvebogen und nicht mit dem Compoundbogen). Zuvor
war es bereits bei den Olympischen Spielen 1900, 1904, 1908 und
1920 im Programm.

Die technologische Entwicklung hat den Bogen von einem
einfachen Langbogen zu einem hochentwickelten Sportgerät
gemacht, dass mit einer ganzen Reihe von Zubehör ausgestattet
werden kann, um präzisere Schießergebnisse erzielen zu können.
Das Bogenschießen bezeichnet man daher auch als *Präzisionssport*.

Laut der Studie einer amerikanischen Universität ist das Bogenschießen, nach Golf, die technisch zweit schwierigste Sport-
disziplin der Welt. Unser Sport fordert Geist und Körper und
verlangt gleichermaßen Achtsamkeit, Konzentration, Genauigkeit
und Durchsetzungsstärke.

Darüber hinaus ist Bogenschießen die einzige olympische Sportart,
bei der sich Behinderte und Nichtbehinderte im sportlichen
Wettkampf gemeinsam messen können.

Bogenschießen kann man das ganze Jahr über, in der Halle oder im
Freien, mit Freunden oder alleine. Es ist ein interessanter Freizeitsport, der keine Altersgrenzen kennt und bei dem Geschicklichkeit
und Konzentration weitaus wichtiger sind als übermäßige Kraft.

Überdies gibt es beim Bogenschießen im Vergleich zu anderen
Sportarten ein sehr geringes Verletzungsrisiko. Bei bestimmten
Behinderungen und Erkrankungen stellt der Bogensport eine ideale
Möglichkeit dar, sich sportlich zu betätigen und er wird oftmals als
Therapie vorgeschlagen und eingesetzt.

Bogenschießen ist gut für Körper und Seele

Bei einem Turnier nach den Regeln der World Archery (WA) im Freien werden 72 Pfeile auf verschiedene Distanzen (Einteilung nach Altersklassen) geschossen. Solch ein Turnier dauert bis zu sechs Stunden. Dabei werden allein zum Holen der Pfeile rund 2 km zurückgelegt.

Beim Jagd-, 3D-Parcours- und Feldbogenschießen legt man teilweise noch erheblich längere Wegstrecken in abwechslungsreichem Gelände, zumeist mit erheblichen Höhenunterschieden zurück. Diese körperliche Betätigung ist neben der eigentlichen Schießbelastung sehr gesund und förderlich für den Gesamtorganismus.

Daneben sind Ausdauer, innere Ruhe und Ausgeglichenheit günstig für die Ausübung - aber auch angenehme Effekte dieser Sportart. Nicht zuletzt wegen der in der Regel abgeschiedenen Lage der Bogenplätze bilden diese geradezu Oasen der Erholung von Stress und Alltagslärm. Neben der körperlichen Belastung erfordert der Bogensport auch eine Notwendigkeit zu mentalen Übungen.

Nur ein ruhiger, entspannter und konzentrierter Geist ist zu guten Leistungen fähig. Schon der Anfänger lernt schnell, dass nicht Wille und Ehrgeiz zu einem guten Trefferbild führen, sondern Konzentration, Gelassenheit und beständiges Üben mit korrekter Technik.

Da man diese Eigenschaften auch im täglichen Leben benötigt, nutzt man in Asien unter anderem das Bogenschießen seit Hunderten von Jahren, um Menschen gleichermaßen Gleichmut, Konzentration, Genauigkeit und Durchsetzungsstärke zu vermitteln.

Bei einem perfekten Schuss wird man oft durch eine besondere Magie belohnt:

Alles stimmt - der Stand, die Spannung, das Gefühl -
und man spürt es - nein, man weiß es einfach:
noch bevor man den Pfeil ablässt, weiß man, das er trifft.
Man hat schon getroffen, bevor man geschossen hat!
Der Pfeil löst und man sieht ihn fliegen auf dem Weg zum Ziel
und er trifft - genau ins Zentrum!

Holen Sie sich die Unterstützung eines Bogensport-Trainers

Bevor Sie mit Ihrem Training der einzelnen Positionsphasen beginnen, sollten Sie einen erfahrenen Schützen oder besser noch einen ausgebildeten Bogensport-Trainer bitten, Ihnen zur Seite zu stehen. Da Sie sich nicht selber während des Schusses anschauen können und auch oftmals kein geeignet großer Spiegel zur Verfügung steht, brauchen Sie die Augen eines erfahrenen Schützen beziehungsweise Trainers. Dieser wird Sie dann mit fachkundigem Rat in Ihren Bemühungen unterstützen.

Es empfiehlt sich gerade für Anfänger, die geforderten Bewegungs-abläufe zunächst nur stilistisch, also ohne Bogen durchzuführen. Da bei diesen „Trocken-Übungen" die Druckbelastung des Zuggewichtes zunächst fast komplett wegfällt, können Sie sich voll und ganz auf die korrekten Abläufe konzentrieren.

Lassen Sie sich Zeit, um die richtigen Bewegungsabläufe zunächst geistig zu verinnerlichen. Dieses verkürzt Ihr gesamtes Anfänger-training deutlich und Ihre ersten Erfolgserlebnisse stellen sich wesentlich früher ein!

Der Compoundbogen

ist die modernste Ausführung aller Bogenarten.

Er ist im Vergleich mit dem Recurve-, oder Langbogen wesentlich kürzer und besitzt an den Wurfarmenden drehbare Camwheels, die auf die Drehachse wirken.

PSE Compoundbogen EPIX mit Jagdausrüstung

Aufgrund der exzentrischen Aufhängung der Cams verändert sich der Angriffswinkel und der Hebelarm des Bogens. Die Cams besitzen zwei unterschiedliche Durchmesser auf denen die Kabel und die Sehne eingehängt sind. Beim Ausziehen des Bogens entwickelt sich ein nicht linearer Kraftaufwand.

Mit steigendem Auszug nimmt die Kraft zunächst stetig zu, um dann beim Überschreiten des sogenannten Gipfel-Zuggewichts oder Schwerlastpunktes stark abzunehmen. Der Bogenschütze hält dann bei dem voll ausgezogenen Bogen nur noch einen Bruchteil des Zuggewichtes. Die Reduzierung kann je nach Ausführung und Einstellung bis zu 80% betragen.

Durch diese Kraftreduzierung kann der Schütze den Bogen ruhiger und länger halten, wobei auch das Zielen wesentlich leichter fällt.

Aufgrund der hohen Abschussgeschwindigkeit werden Compoundbögen in der Regel mit einer mechanischen Auslösehilfe, dem sogenannten Release (Release = auslösen, ablassen) geschossen, um so die Ablassfehler zu verringern.

Ebenso wie beim Recurvebogen kommen noch ein Stabilisatorensystem, eine Visiereinrichtung mit Scope (Vergrößerungslinse) und eine Wasserwaage zum Einsatz.

Kurze Geschichte des Compoundbogens

Der Compoundbogen ist eine rein amerikanische Erfindung um mit einem solchen Bogen auf die Jagd zu gehen. Erfunden wurde er von Holles Wilbur Allen im Jahre 1966. Das Patent wurde im Dezember 1969 erteilt.

Mehr als 90% der Schützen in Amerika sind Compoundbogenschützen. Da die Anforderungen auf der Jagd und im Gelände eine ganz andere ist als beim Targetschießen, wurde der Bogen auf die spezifischen Bedürfnisse des Schützen angepasst.

Einige beeinflussende Faktoren sind das Schießen bergab, bergauf, über Gewässer und Hindernisse sowie die unebenen, steilen und unwegsamen Verhältnisse im Gelände. Hinzu kommen noch die unterschiedlich großen Ziele (Tiere) und die unbekannten Entfernungen.

Daher muss der Compoundbogen in der Länge sehr kurz sein aber trotzdem eine hohe Pfeilfluggeschwindigkeit und eine hohe Treffgenauigkeit aufweisen.

Aus diesen Gründen haben die meisten Jagdcompoundbögen lediglich eine Achslänge (Achse zu Achse) von 32 Zoll.

Mittlerweile werden aber auch schon Compoundbögen für das Targetschießen mit 48 Zoll angeboten.

Erster Teil: Die technischen Elemente des Schussablaufes beim Bogenschießen

Im modernen Bogensport werden die folgenden Positions- und Bewegungsphasen unterschieden:

- 0. Die Nullstellung
- 1. Die Vorspannposition
- 2. Die Anhebeposition
- 3. Die Halteposition
- 4. Die Nachhalteposition

Die Nullstellung

Mit der oft unterschätzten „Nullstellung" fängt der Schussaufbau an. Ziel ist es, einen stabilen Stand zu finden, der für den Schützen angenehm ist und eine optimale Ausgangssituation für den folgenden Bewegungsablauf bietet.

Der Bogenschütze stellt sich unter Beachtung der folgenden Punkte an der Schießlinie auf:

- er nimmt bei aufrechter Körperhaltung einen parallelen oder offenen schulterbreiten Stand ein. Beim *parallelen (oder geschlossenem) Stand* stehen die Füße auf gleicher Höhe parallel nebeneinander:

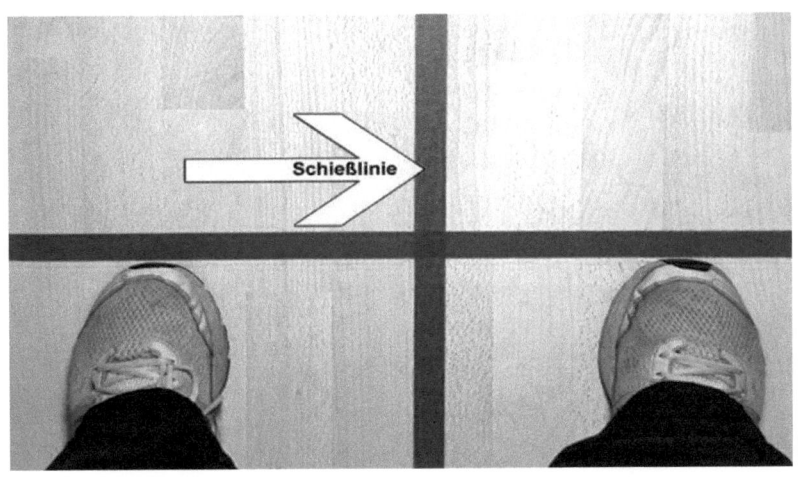

Geschlossener oder paralleler Stand

Beim **offenen Stand** ist der hintere Fuß etwas nach vorne gesetzt:

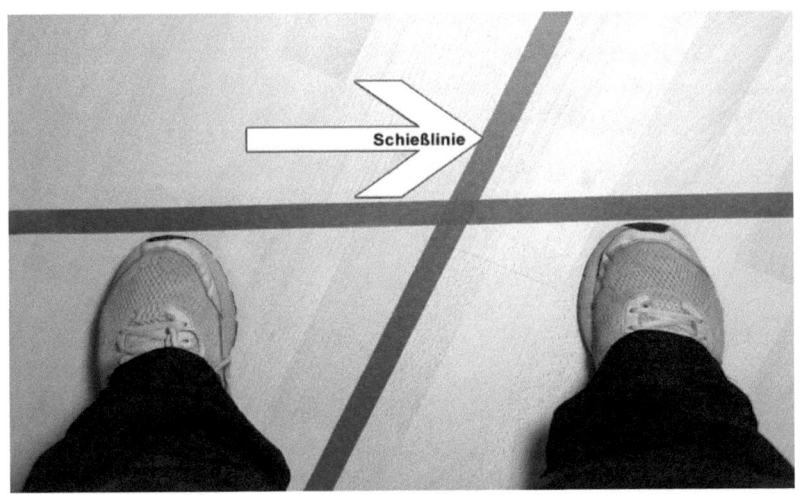

Offener Stand

- Der Schütze verteilt sein Körpergewicht zu circa 60% auf die Fußballen und zu circa 40% auf die Fersen.

- Der Schütze steht aufrecht und befindet sich in einem angenehmen Spannungszustand.

- Die Fußspitzen stehen auf gleicher Höhe und die Fersen werden direkt hinter den Fußballen positioniert.

Nicht so – hier stehen die Fersen viel zu weit nach innen

So ist es richtig – Fußspitzen und Fersen parallel nebeneinander

In der nun folgenden Bewegungsphase wird der Körperkern aktiviert. Dieses bedeutet, dass der Schütze seine Bauch- und Gesäßmuskulatur leicht anspannt ohne dabei zu verkrampfen.

Die Kniegelenke werden leicht (!) nach hinten gedrückt und das Becken nach vorne gekippt. Dieses führt dazu, dass das Rückgrat gestreckt und stabilisiert wird. Zusätzlich wird das Brustbein tief gestellt und die Schultern sind tief und auf gleicher Höhe.

Hier nochmal zusammengefasst:

- Aktivierung des Körperkerns durch leichte Anspannung der Bauch- sowie der Gesäßmuskulatur

- Becken nach vorne kippen (dabei wird das Rückgrat in eine gerade und stabile Position gebracht)

- Brustbein tiefer stellen

- Schultern sind und bleiben tief und auf gleicher Höhe (keine Höhenunterschiede)

Definition: Stützseite und Zugseite

Die Stützseite ist die Körperseite, deren Arm und Hand den Bogen hält. Bei einem Rechtshandschützen ist dies die linke, bei einem Linkshandschützen die rechte Seite.

Arm und Hand der Zugseite ziehen die Sehne. Dies ist bei einem Rechtshandschützen die rechte Körperseite und beim Linkshänder die linke Körperseite.

Nun wird die Zugseite mit Zugarm, Zughand und Zugfinger positioniert.

Das bedeutet im Einzelnen, dass

- der Zugarm abgewinkelt wird. Der Oberarm des Zugarmes bleibt nahe am Brustkorb.

- Die Zughand umfasst das Fingerrelease, steht senkrecht, gerade bis überstreckt und ist etwa auf Höhe des Bauchnabels.

- Die Fingerposition am Release muss bis zum Auslösen des Schusses so gehalten werden und darf sich nicht verändern.

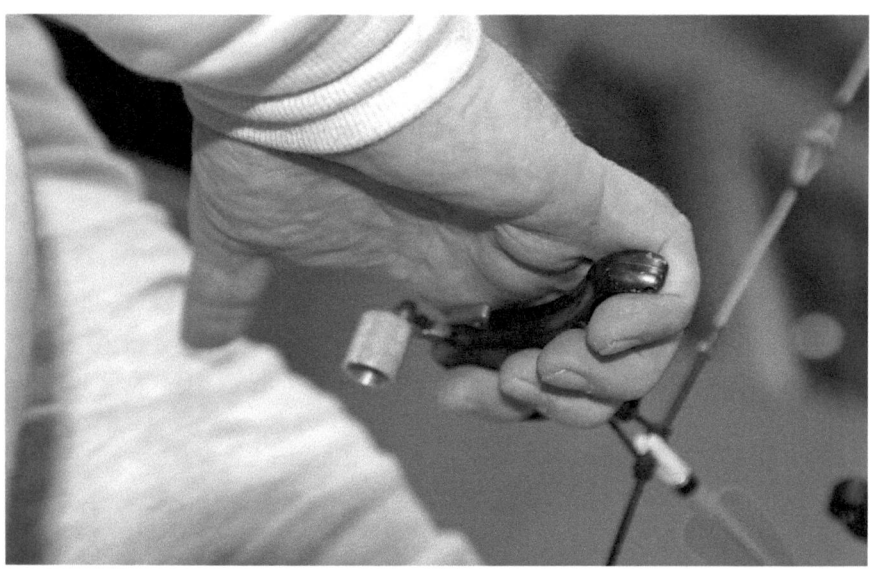

Sobald der Bogenschütze dieses umgesetzt hat, wird nun die Stützseite positioniert.

Das bedeutet im Einzelnen, dass

- der Dreh- und Anstellwinkel des ausgestreckten Armes bei ca. 30° liegt.

- Das Handgelenk des Bogenarmes nach unten hin abgeklappt wird.

- Der Anstellwinkel der Bogenhand ca. 45° beträgt.

- Der Druckpunkt (das Netz der Hand) im tiefsten Punkt des Griffes (Pivot-Point) und rechts von der Lebenslinie liegt. Es wird hier also nur mit dem Daumenballen gegen das Griffstück gedrückt.

Hier endet die Nullstellung und es beginnt die erste Positionsphase.

Sie wird Vorspannungsposition genannt.

Positionsphase 1 – Die Vorspannposition

Hierbei ist:

- Der Kopf gedreht, bleibt gerade, neigt sich nicht nach links oder rechts und wird nicht nach hinten oder vorne gestreckt.

- Der Blick ist zum Ziel gerichtet.

- Die Hüfte ist parallel zum Stand.

- Die Bogenschulter zeigt in Zielrichtung und bleibt tief positioniert.

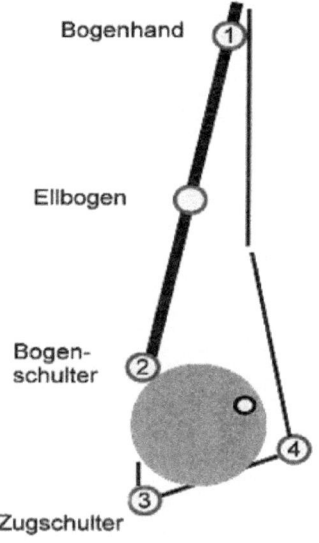

Grafische Darstellung des Kraftdreiecks

Jetzt werden der Zugarm und der Bogenarm gemeinsam bis auf Augenhöhe angehoben. Achten sie bitte darauf, dass hier die Bogenschulter nicht nach oben „wandert", was letztendlich zu einer Destabilisierung des Kräftedreiecks führt.

Im nächsten Bewegungsablauf wird die Zugschulter in Richtung der Stützlinie 1-3 bewegt (das sogenannte "Extra-Set"). Dieses ist für den Anfänger meist eine besondere Herausforderung, da die Schultermuskulatur in den meisten Fällen „nicht sehr beweglich" ist. Bleiben Sie bei der Durchführung des „Extra-Sets" in Ihrem Trainingseifer am Ball und üben Sie dieses besonders am Anfang intensiv. Es wird sich für Sie lohnen. Sie kommen dadurch wesentlich leichter in die Rückenspannung, auf die weiter hinten im Buch noch ausführlicher eingegangen wird.

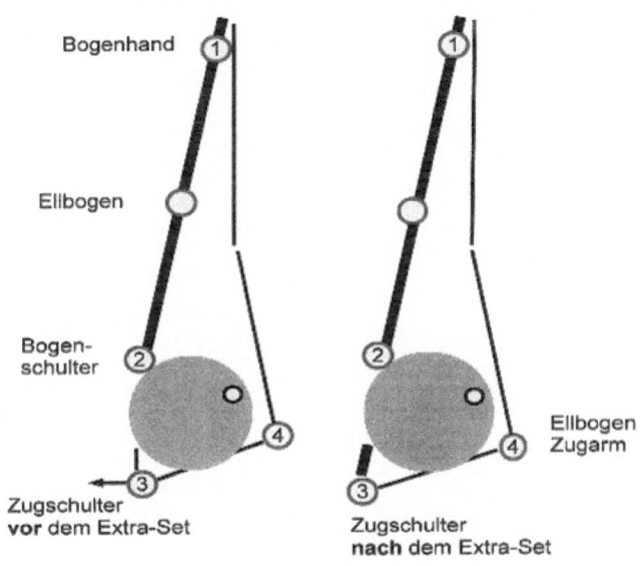

Stützline 1 – 3 beim Extra-Set

Sie haben die erste Positionsphase erfolgreich abgeschlossen und können gleich in die Anhebeposition übergehen.

Positionsphase 2 – Die Anhebeposition

Voraussetzungen für die Anhebeposition (= Ende der Vorspannposition):

- Das Kraftdreieck (Stützlinie 1-3) ist stabilisiert

- Der Vorzielpunkt (oberhalb der Zentrumsmitte in den blauen Scheibenringen) ist erfasst

- Die Spannung verteilt sich auf ca. 70% Rückenspannung und ca. 30% Unterarmspannung

Anhebeposition

Die jetzt folgenden Bewegungsphase gliedert sich in das Laden und das Ankern.

Der Bogenschütze muss beim **Laden** folgenden Bewegungsablauf korrekt ausführen:

- Die Bogenschulter muss stabil gehalten werden (tief gestellt).

- Die Zughand mit dem Release wird geradlinig nach hinten bis zum Ankerpunkt ausgezogen.

- Die Zugschulter wird weiter in Richtung der Stützlinie 1-3 geführt.

- Der Zugarmellbogen bleibt innerhalb der Pfeillinie. Der Ellbogen, Ober- und Unterarm bilden eine gerade Linie.

- Nach Überwinden des Gipfel-Zuggewichts muss es zu einer Erhöhung der Rückenspannung durch den Schützen kommen.

Jetzt kommen wir für den Bogenschützen zu einer am Anfang für ihn sehr schwierigen Bewegungsphase, dem **Ankern**. Dafür gibt es verschiedene Möglichkeiten.

Bevor wir die einzelnen Ankermöglichkeiten beschrieben, sind nachfolgend aufgeführte Punkte von großer Bedeutung – egal, für welche Ankerposition sich der Schütze letztendlich entscheidet:

- Die Sehne berührt den Mundwinkel und die Nasenspitze liegt auf der Sehne an.

- Die Kontakt- und Referenzpunkte müssen im Ankerpunkt immer gleich sein.

- Das Peep-Sight steht direkt vor dem Zielauge.

- Der Vollauszug ist erreicht und der Druck der Stützseite wird weiter in Richtung Ziel gehalten.

- Der Schütze zieht gegen die sog. Wand des Compoundbogen und hält diese Position. (ein Ausziehen nach hinten ist nicht mehr möglich)

- Die Rückenspannung und die Stützlinie 1-3 wird gehalten

- Die Lagebeziehung der Stützseite und der Zugseite ist optimiert

- Die Rückenspannung liegt jetzt bei 100%

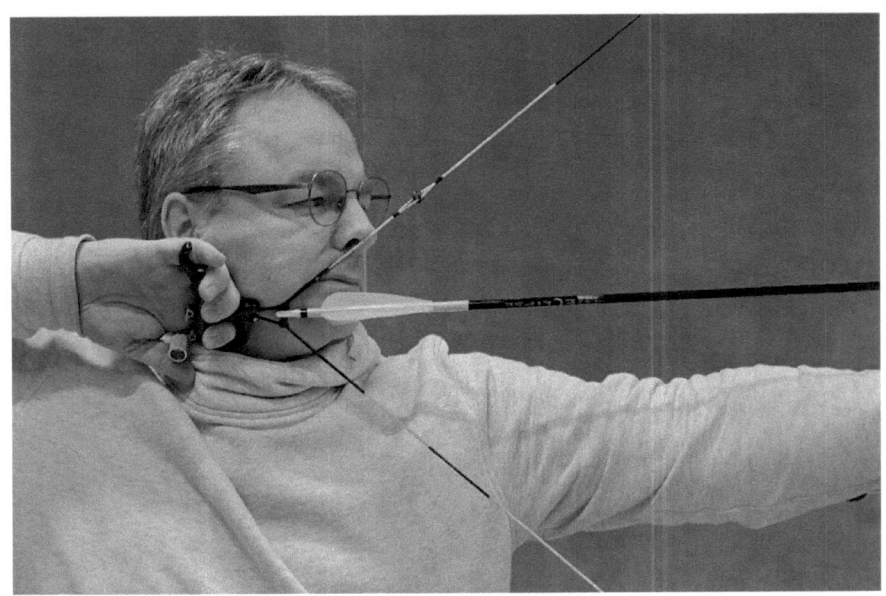

Die verschiedenen Ankermöglichkeiten

Bevor die nun folgenden Ankermöglichkeiten beim Schießen mit dem Compoundbogen dargestellt werden, möchten wir betonen, dass es absolut keinen Unterschied macht, für welche Anker-möglichkeit Sie sich entscheiden.

Es kommt lediglich auf Ihr persönliches Gefühl an. Wählen Sie die Ankerposition, die Ihnen am meisten zusagt.

Wichtig ist nur, dass Sie immer gleich ankern!

Wird der Bogen mit der Zugseite nach hinten hin ausgezogen, so bewegt sich die Zughand mit dem in der Hand befindlichen Release über das Gipfel-Zuggewicht hinweg und die aufzubringende Zugkraft verringert sich danach deutlich.

Die Zughand sollte sich bei einem korrekt eingestellten Bogen (Auszugslänge) direkt auf Wangenhöhe befinden. Nun haben Sie als Bogenschütze zwei Möglichkeiten, einen Ankerpunkt einzunehmen.

Anker-Variante 1 – Handrücken liegt an der Wange an

Diese wird von den meisten Compoundschützen bevorzugt

Sie drehen die Zughand zu ihrer Wangenseite so hin, dass der Handrücken direkt auf der Wange aufliegt und somit direkten Kontakt hat.

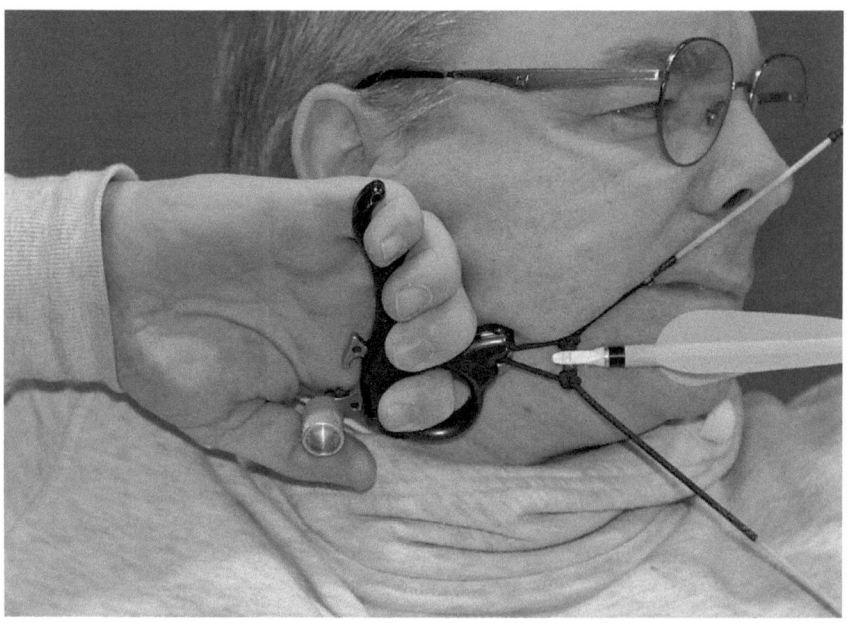

Anker-Variante 2 – Hand bleibt horizontal, Zeigefinger an der Wange

Sie verbleiben mit der Zughand in der horizontalen Lage und führen den Zeigefinger (direkter Kontakt) an ihre Wange und verbleiben dort.

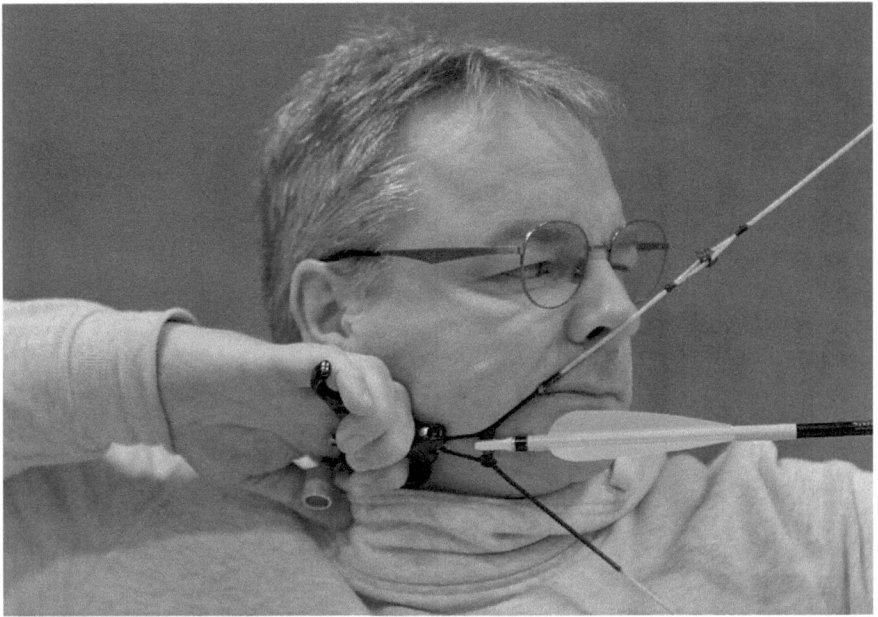

Egal für welche Ankervariante Sie sich entscheiden, folgende Punkte sollten Sie immer beachten:

- Die Sehne berührt den Mundwinkel und die Nasenspitze liegt auf der Sehne an.

- Die Kontakt- und Referenzpunkte müssen im Ankerpunkt immer gleich sein.

- Das Peep-Sight steht direkt vor dem Zielauge.

- Der Vollauszug ist erreicht und der Druck der Stützseite wird weiter in Richtung Ziel gehalten.

- Der Schütze zieht gegen die sog. Wand des Compoundbogen und hält diese Position. (ein Ausziehen nach hinten ist nicht mehr möglich)

- Die Rückenspannung und die Stützlinie 1-3 wird gehalten

Jetzt haben Sie die sogenannte Halteposition erreicht.

Positionsphase 3 – Die Halteposition

Sie haben nun die Lagebeziehung zwischen Ihrer Stütz- und Zugseite optimiert. Somit befinden sich die hier auftretenden Gesamtkräfte auf der Stützseite von 50% im Einklang mit den Kräften auf der Zugseite von ebenfalls 50% und ihr Körper ist ausbalanciert.

Zusätzlich hält der Schütze seine Rückenspannung und auch die Stützlinie 1–3 **konsequent** aufrecht. Es ist vom Schützen als auch von seinem Trainer darauf zu achten, dass es zu keinem Verlust der Rückenspannung oder der eingenommenen Halteposition kommt, da sich sonst die Kräfteverhältnisse ändern und der weitere Bewegungsablauf nicht mehr korrekt ausgeführt werden kann.

Dieses wird sich dann in der Konsequenz stark auf das Trefferbild auswirken!

Im weiteren Verlauf kommen wir nun – zum **Zielen** – und – zum **Lösen**.

Zielen in der Halteposition

Kommen wir zunächst nochmal auf die Anhebeposition zurück.

Hier hatte der Bogenschütze den sogenannten Vorzielpunkt erfasst. Der weitere Bewegungsablauf führte dann zur Halteposition. Dabei sollte es zu keinen größeren Unterschieden auf Seiten der Höhen- und Seitenbewegung kommen.

Der Visierpin befindet sich noch immer im oberen Bereich der blauen Ringzahlen zwischen 5 und 6.

Während des Zielvorgangs

- wandert das Scope (mit dem Korn) von oben her in das Ziel und wird im Zielfenster gehalten.

- Überprüft der Schütze jetzt nochmals die Position der Blase in der Wasserwaage und korrigiert gegebenenfalls durch ein leichtes Drehen im Handgelenk nach links oder rechts bis die Luftblase zwischen den beiden Markierungen steht.

- Schaut das zielende Auge weiterhin durch das Peep-Sight (Sehnenvisier).

- Bleiben die Augen auf das Korn / Ziel gerichtet.

- Wird die Rückenspannung gehalten und es wird weiter „gegen die Wand gezogen".

- Wird der Daumen langsam aber konsequent an den Auslöser / Trigger des Releases gelegt.

Leichte Schwankungen innerhalb des Zielfensters sind gerade in der Anfangszeit absolut tolerierbar, da der Anfänger aufgrund seiner noch nicht voll entwickelten Kräfte/Kondition für das

Schießen mit dem Compoundbogen hier größere Schwierigkeiten hat, den Visierpin (das Korn) ruhig in der Mitte des Zielpunktes zu halten. Er wird nun versuchen, dieses durch ein längeres Halten zu kompensieren. Es ist allerdings eine unumstößliche Tatsache, dass um so länger er versucht, die eingenommene Halteposition aufrecht zu erhalten, der jeweilige Kraftverlust (Kraftaufwand) von Sekunde zu Sekunde immer größer wird was letztendlich zu immer stärkeren Schwankungen des Körpers und des Bogens führt.

Zielen Sie deshalb nicht zu lange, denn es kommt der Zeitpunkt, indem Sie die Kontrolle über ihren Bogen und ihren Schuss verlieren!

Hat der Schütze nun den Zielvergang (das Zielen) abgeschlossen (das ist entscheidend für den weiteren Ablauf) muss es sich gedanklich **vollständig vom Zielen** lösen um sich auf das Lösen voll konzentrieren zu können.

Lösen und Auslösen mit dem Release

Ist der Visierpin im Scope im Zielpunkt fixiert und der Bogen ausgerichtet, dann

- wird der Druck auf den Auslöser / Trigger am Release **langsam** und unter **stetig steigendem Druck** erhöht bis sich der Mechanismus öffnet und der Bogen seine gespeicherte Energie freigibt.*

- Bewegt sich der Zugarmellbogen in Richtung der Stützlinie 1-4

- Wird das Kräftedreieck aufgelöst.

- Löst sich der Bogen aus der Hand.

Wichtiger Hinweis zum Auslösen des Release:

Wie oben beschrieben, wird der Druck auf den Auslöser (Trigger) langsam und unter stetig steigenden Druck erhöht. Niemals mit dem Daumen / Zeigefinger (je nach Release-Modell) auf den Auslöser (Trigger) "hauen".

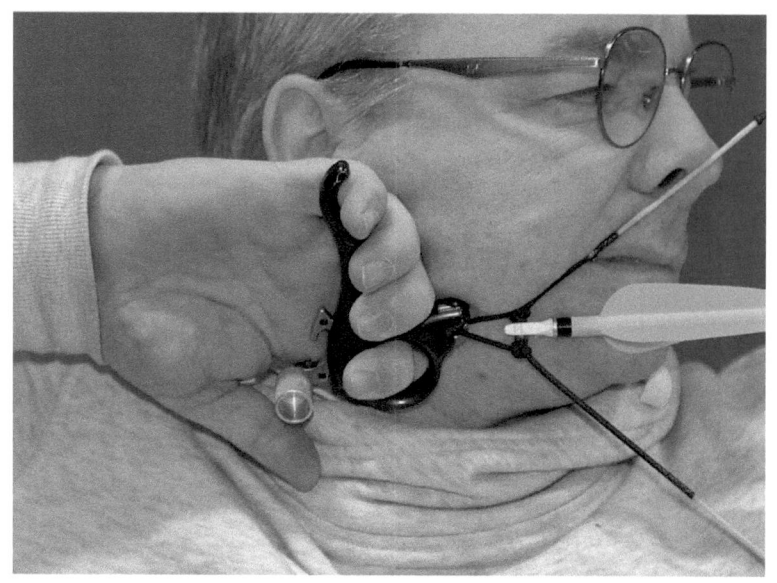

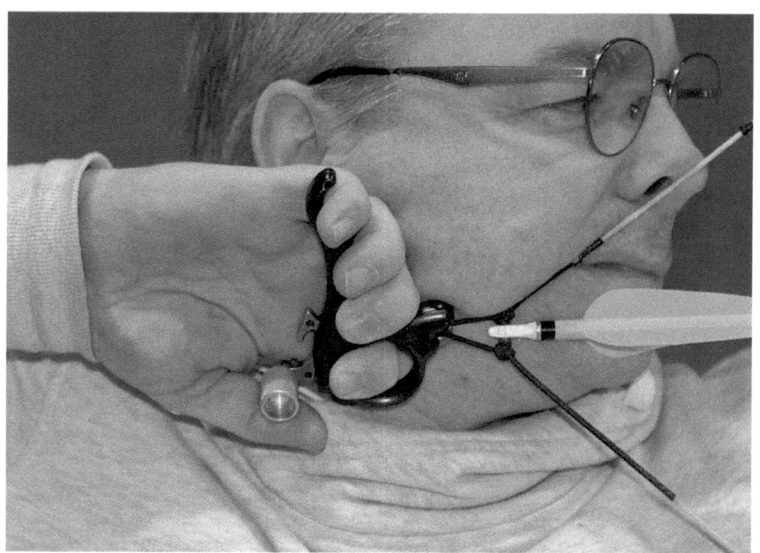

Daumendruck auf den Trigger langsam aber stetig erhöhen

Positionsphase 4 – Die Nachhalteposition

Die Nachhalteposition gehört mit zu einem korrekt ausgeführten Bewegungsablauf (Schuss) und darf auf gar keinen Fall vernachlässigt oder unterlassen werden.

Hierbei sei darauf hingewiesen, dass durch das Auslösen des Triggers die gespeicherte Bewegungsenergie im Bogen freigegeben wird, sich der Pfeil aber noch immer auf der Sehne befindet und den Bogen (die Pfeilauflage) noch nicht verlassen hat.

Finden nun auf der Stützseite Bewegungen statt, bevor der Pfeil die Sehne verlassen hat, so kommt es unweigerlich zu unterschiedlichen Trefferlagen, je nachdem, wie stark die Bewegungen sind (Bewegung nach unten, nach oben, nach links, nach rechts oder eine Kombination daraus).

Viele Bogenschützen machen hier einen entscheidenden Fehler, indem sie nach dem Lösevorgang den Schuss (Bewegungsablauf) regelrecht abbrechen oder ihre Körperspannung zu früh aufgeben. Das bedeutet, dass hier das bestehende Kräftedreieck zu schnell und abrupt aufgegeben wird.

Daraus folgt, dass in der Nachhalteposition

- Die Bewegungsrichtungen erhalten bleiben.

- Die Zughand mit Release dem Zugarmellbogen folgt.

- Die Bogenhand sich in Zielrichtung bewegt und

- das Bogenhandgelenk nach unten hin abkippt.

Zum Abschluss erfolgt das

- Nachzielen und Nachhalten

- Die Restspannung wird aufrecht erhalten und die Stützlinie 1-4 eingenommen.

Stützlinie 1 – 4 in der Nachhalteposition

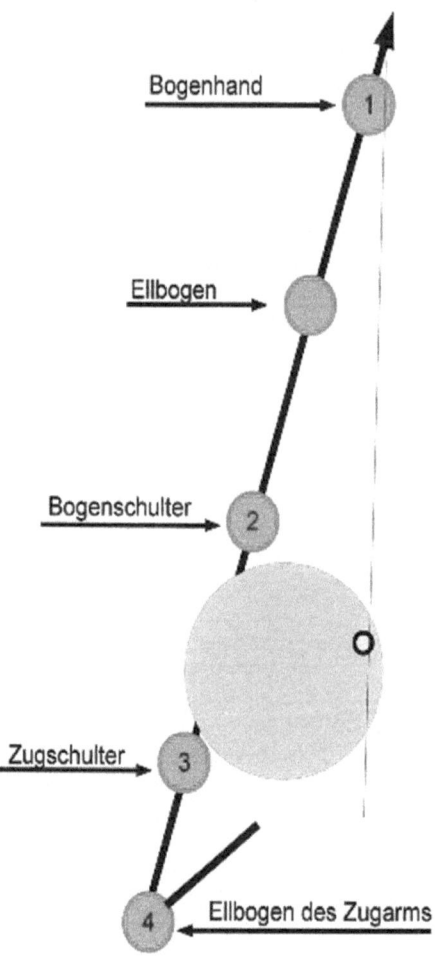

Grafische Darstellung der Stützlinie in der Nachhalteposition

Nachhalten

Der Schussablauf endet mit dem Absenken und dem Entspannen:

- Der Bogen wird abgesenkt.
- Der Bogenschütze begibt sich in die Nullstellung.
- Die Muskeln entspannen sich.
- Der Bogenschütze empfindet seinen Schuss nach und analysiert seinen Schussablauf.

Und schon beginnt der nächste Schuss! Alle ins Gold!

Umsetzung des Erlernten – Trainingsbeginn

Jetzt haben Sie die einzelnen Positionsphasen kennengelernt und können mit Ihrem persönlichen Training beginnen.

Gehen Sie hierbei bitte Schritt für Schritt vor und üben Sie die jeweiligen Bewegungsabläufe zunächst nur in **stilistischer** Form (ohne Bogen, nur mit einem Theraband).

Je mehr Sie diese Übungen stilistisch üben, desto schneller werden Sie diese zunächst mit dem Nullbogen und im Anschluss mit Ihrem Bogen ausführen können.

Achten sie unbedingt darauf, dass in der Anfangszeit Ihr Übungs-bogen nur mit einer sehr geringen Zugkraft ausgestattet ist. Je geringer das Zuggewicht, desto schneller stellt sich der Erfolg ein.

So sollte ihr Trainingsablauf aussehen:

- Stilistische Übungen

- Übungen mit dem Nullbogen

- Übungen mit ihrem Bogen (zunächst mit einem Recurvebogen, an dem ein Loop befestigt wurde).

Eine illustrierte Bauanleitung für einen Nullbogen finden Sie als Anhang 1 in diesem Buch.

Zweiter Teil: Typische Fehler im Schussablauf

In jeder der hier beschriebenen Positionsphasen sehen wir in unseren Einsteigerkursen besonders typische Fehler, die wir in diesem Kapitel ausführlich betrachten wollen. Diese Haltungs- und Bewegungsfehler sollten sich gar nicht erst verfestigen. Denn es kostet sehr viel Zeit und Mühe, sich diese wieder abzugewöhnen.

Nullstellung – Fußstellung
Der stabile Stand ist die Grundvoraussetzung für einen guten Schuss. Dazu gehört, dass die Füße parallel zueinander stehen und die Fersen direkt hinter den Fußballen positioniert sind. Oft stehen die Fußspitzen zu weit nach außen:

Hier sind die Fersen NICHT hinter den Fußballen

Richtige Fußstellung

Nullstellung – Gewichtsverteilung

Wichtig für einen stabilen Stand ist auch die Gewichtsverteilung.

Das Körpergewicht sollte gleichmäßig auf beide Beine verteilt sein und beide Füße Bodenkontakt haben.

Der Körperschwerpunkt wir leicht nach vorn verlagert. Etwa 60 % des Körpergewichts ruht auf den Fußballen und 40% auf den Fersen. Dies erreicht man, wenn man sich so weit nach vorne neigt bis man einen leichten Gegendruck der Zehen fühlt.

Dabei werden die Knie *leicht* durchgedrückt. Achten Sie darauf, Ihre Oberschenkelmuskulatur nicht zu sehr anzuspannen. Eine starke dauerhafte Anspannung der Oberschenkelmuskeln führt nach einiger Zeit zu Schmerzen.

Vorspannposition – Druckpunkt

Der Bogen wird <u>nicht</u> festgehalten sondern nur durch die Bogen-hand abgestützt, indem der Daumenballen gegen den Bogen (das Griffstück) drückt. Dieser sogenannte Druckpunkt liegt rechts von der Lebenslinie bei einem Rechtshandschützen.

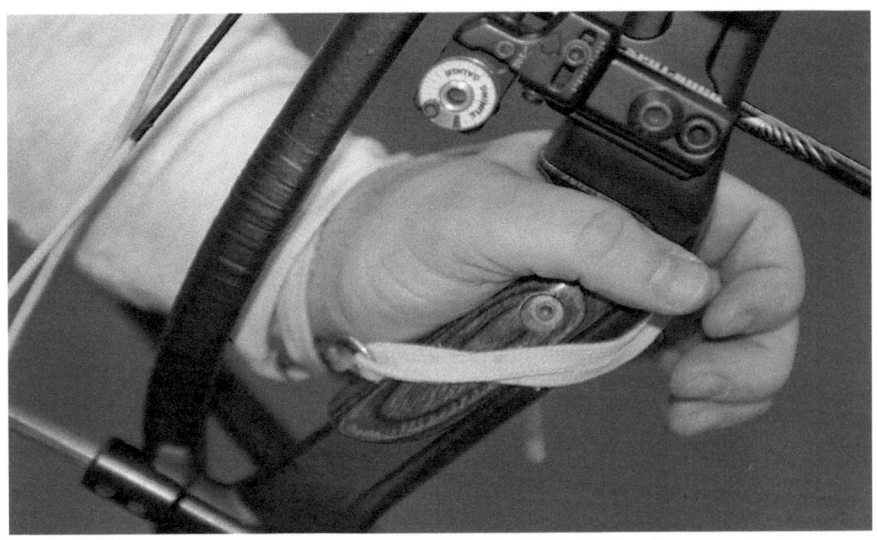

Druckpunkt – der Daumenballen drückt gegen den Griff

Die Fingerkuppen werden entweder ganz leicht vorne auf dem Griff angelehnt oder wie auf dem zweiten Bild eingerollt.

Dabei **nicht** die Finger abspreizen, da dieses zu einer ungewollten Muskelanspannung im Unterarm auf der Stützseite führt.

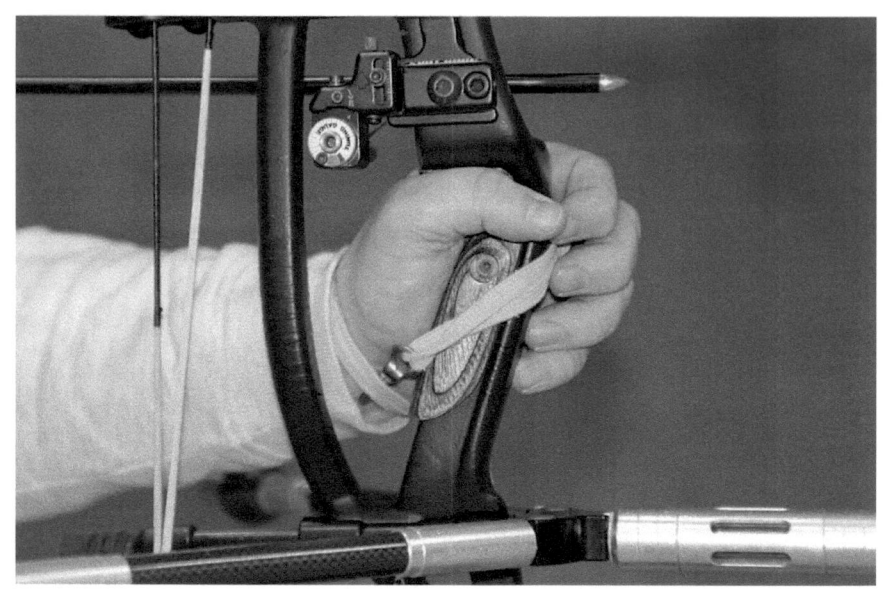

Fingerkuppen leicht am Griff angelehnt

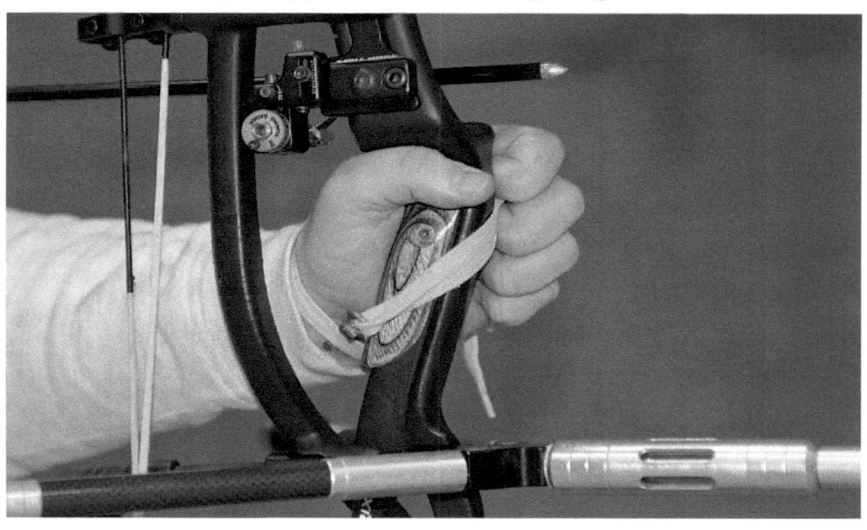

Finger eingerollt neben dem Griff

Vorspannposition – Fingerposition am Release

Egal, ob sie ein Handgelenkrelease oder ein Fingerrelease bevorzugen, achten Sie vor dem Ausziehen des Bogens darauf, dass ihr Handrücken immer gerade ist und die Finger das Release zwar umfassen, es aber nicht vollständig umschließen.

Krümmen sie die Finger im Release der Zugseite zu stark, führt dieses zu einer ungewollten Unterarmspannung des Zugarmes.

Dieses führt letztendlich zu einem „verkrampften" und „unkontrollierten" Auslösen des Release-Mechanismus.

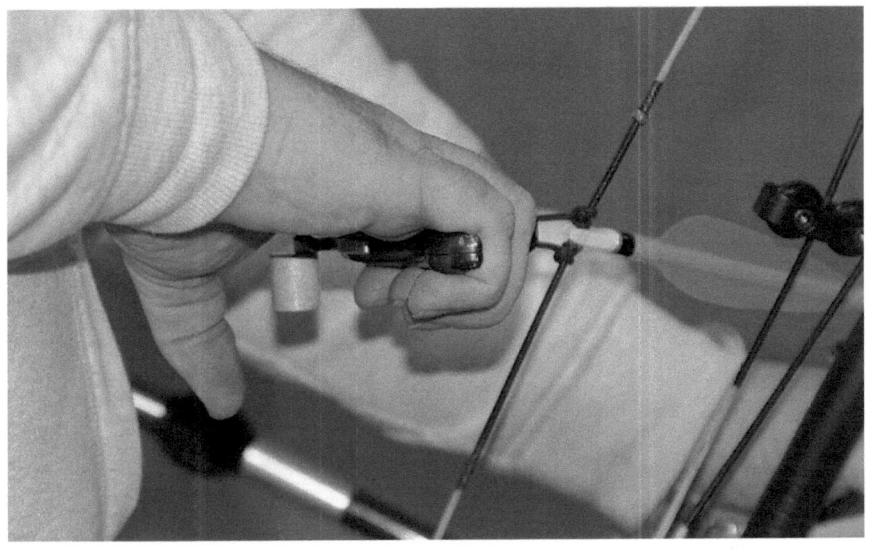

So ist es richtig: Handrücken gerade, Finger locker

Vorspannungsposition – Kopfhaltung

Der Kopf ist gedreht und der Blick ist in Richtung Ziel gerichtet. Der Kopf muss gerade bleiben – er wird weder nach links, noch nach rechts noch nach vorne oder hinten geneigt.

Diese Schützin neigt ihren Kopf zu weit nach rechts und ihr Ellbogen muss höher positioniert werden

So soll es sein: Kopf gerade, Blick Richtung Ziel

Vorspannungsposition/Anhebeposition – eine zu hohe Bogenschulter

In der Vorspannungsposition ist die Bogenschulter der Stützseite tief positioniert und zeigt in Richtung Ziel. Bei vielen Schützen ist die Schulter schon in dieser Position zu hoch.

Stellen Sie sich bewusst gerade hin und weiten Sie Ihren Brustkorb. So fällt es Ihnen leichter, Die Bogenschulter tief zu stellen und diese auch dort zu halten.

Achten Sie unbedingt darauf, dass die Bogenschulter während des Anhebens des Bogens auf Augenhöhe nicht mit nach oben „wandert" sondern stabil tiefgestellt bleibt.

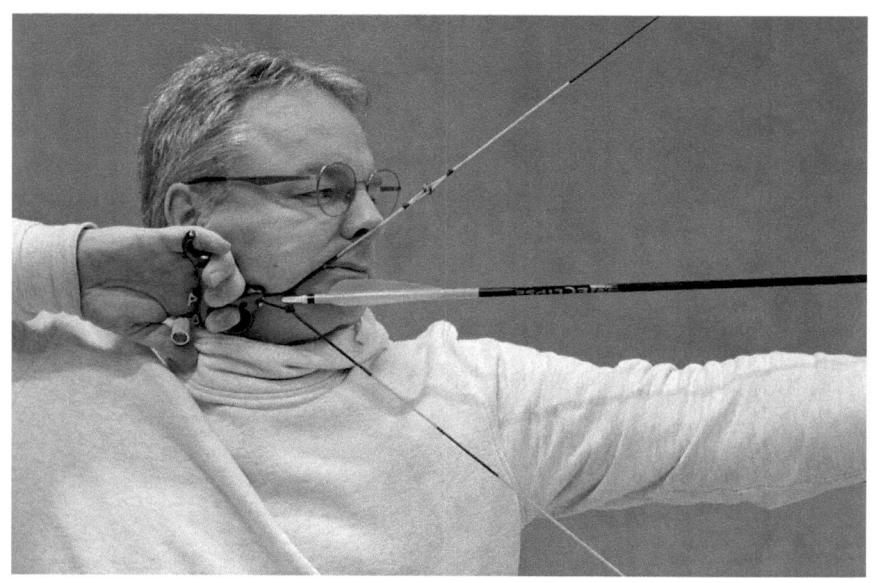

Richtig positionierte Bogenschulter – der Pfeil liegt
optisch deutlich über der Bogenschulter

Der Pfeil sollte optisch (von vorn gesehen) über der Bogenschulter liegen.

Auf dem folgenden Foto hat der Schütze die Bogenschulter viel zu hoch (nicht tief gestellt) und seinen Körperschwerpunkt nach hinten verlagert. Wir sprechen dann gern von der "Schildkröten-haltung".

Hierbei wurde das Kräftedreieck aufgelöst und ein stabiler Stand sowie eine korrekte Rückenspannung kann somit nicht aufgebaut werden.

Bogenschulter viel zu hoch, die Schulter liegt optisch über dem Pfeil – so ist keine Rückenspannung möglich

Aus der Anhebeposition in die Ankerposition

Gerade der Anfänger mit einem Compoundbogen tut sich erfahrungsgemäß recht schwer damit, richtig zu ankern, d.h. den unmittelbaren Kontakt mit der Zughand an der Wange des Kopfes zu finden, einzunehmen und zu halten.

Der Zugarm und die Zughand werden aus der Anhebeposition geradlinig nach hinten bewegt. Es ist darauf zu achten, dass sich der Ellbogen dabei immer direkt innerhalb der Pfeillinie bewegt und nicht nach oben oder unten abgewinkelt wird. Dieses würde dazu führen, dass der Schütze das von ihm vorbereitete Kräftedreieck nicht richtig stabilisieren und die richtige Rückenspannung aufbauen kann.

Nachdem das Gipfel-Zuggewicht überwunden ist (die nun aufzuwendende Auszugskraft ist deutlich geringer) muss der Schütze nun den Kontakt zwischen Zughand und Kopf herstellen.

Viele Anfänger neigen in diesem Situation dazu, ihren Kopf nach links oder nach rechts zu bewegen, um diesen Kontakt herzustellen, anstatt die Zughang direkt in Richtung Kopf zu bewegen.

Der Kopf bleibt immer gerade und ist in Richtung Ziel gerichtet.

Achten Sie auch weiterhin darauf, dass Ihr Handrücken immer noch geradlinig ist und auch so bleibt. Es erleichtert den Lösevorgang erheblich.

Sobald Sie einen festen Kontakt zwischen der Zughand und der Wange hergestellt haben, werden Sie feststellen, dass Sie mehrere Referenzpunkte erfühlen können.

Diese Referenzpunkte sollten auch bei zukünftigen Schüssen immer die selben sein und Sie sollten sich diese genau einprägen.

Denn nur, wenn der Ankerpunkt mit immer denselben Referenzpunkten eingenommen wird, erhalten Sie einen **festen Ankerpunkt**, der Ihnen dann gute Trefferergebnisse bringen wird.

Die Referenzpunkte sind der Schlüssel für genaues Schießen und diese können sein:

1. Die Knöchel Ihrer Zughand berühren die Wangenhöhe
2. Die Knöchel Ihrer Zughand berühren das Ohr
3. Die Sehne berührt den Mundwinkel
4. Die Nasenspitze berührt die Sehne unterhalb des Peep-Sights
5. Der Zeigefinger berührt den Kieferknochen

Dieses sind nur Beispiele, die aufgrund der unterschiedlichen Anatomie auch anders aussehen können.

Für welche Referenzpunkte Sie sich letztendlich entscheiden bleibt Ihnen überlassen.

Wichtig ist: sie sollten sich für Sie gut anfühlen und Sie müssen sich leicht reproduzieren lassen. Denn der Anker mit seinen Referenzpunkten muss immer gleich sein!

Der Schütze auf dem folgenden Foto hat als Referenzpunkt die Berührung der Sehne im Mundwinkel. Er hat sich auf der Sehne an der Stelle, die genau im Mundwinkel platziert wird, einen Nockpunkt gesetzt.

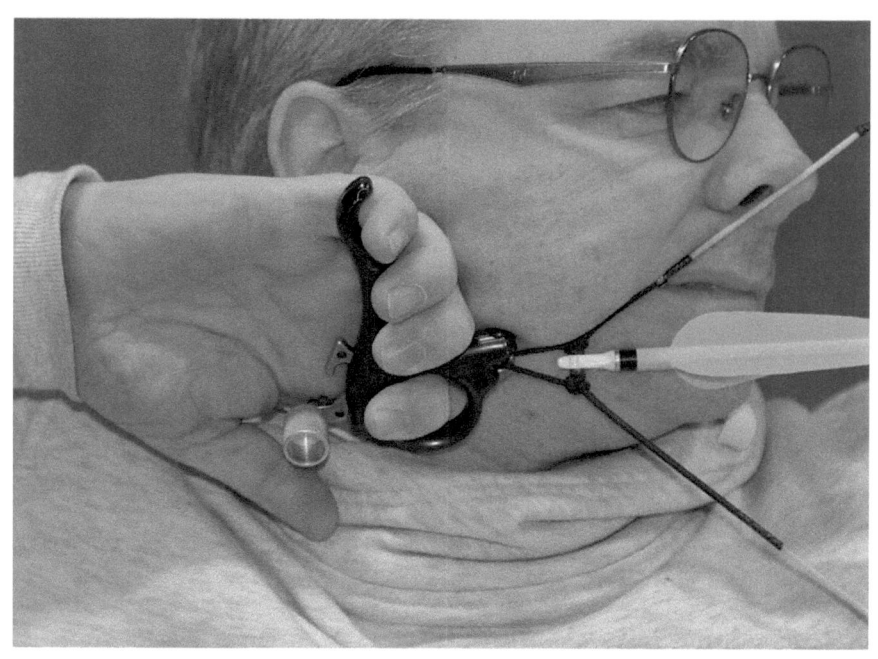

Richtiges Ankern: der Handrücken liegt an der Wange an.
Die Sehne (hier mit einem Nockpunkt versehen) berührt
den Mundwinkel

Die Rückenspannung wird nicht gehalten

Wichtig für den Compoundbogenschützen ist es, sobald er seinen Bogen bis "zur Wand" (Maximalauszug bei richtig eingestellter Auszugslänge) ausgezogen hat, die aufgebaute Rückenspannung von 100% immer und kontinuierlich zu halten und nicht nachzulassen.

Sollte ein Nachlassen der Rückenspannung geschehen, würde dieses zu einem "nach vorne lösen" führen, welches dann keine konstanten Trefferergebnisse mehr erlauben würde.

Bei korrekt ausgeführter Rückenspannung bewegt sich der Zugarm nach dem Auslösen des Releases noch einige Zentimeter weiter nach hinten (Stützlinie 1–**4**).

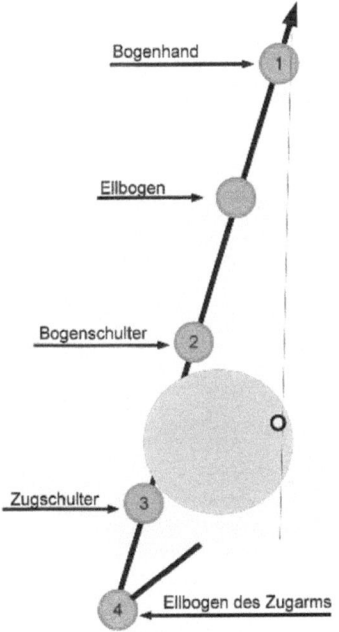

Vorzielpunkt ist unterhalb der Zielmitte (Gold, Ringe 10 und 9)

Es gibt leider nicht wenige Bogenschützen, die den Vorzielpunkt oberhalb der Zielmitte (blauer Ringbereich mit 5 und 6) nicht anlegen und zu tief ansetzen.

Sie sind dann gezwungen, durch erheblichen Kraftaufwand den Bogen anzuheben, um mit ihrem Scope / Visierpin oder dem Korn hin zur Zielmitte zu gelangen.

Dieses kostet nicht nur unnötig viel Kraft, sondern wirkt sich auch negativ auf die Stabilität (Kräftedreieck) aus. Es ist viel leichter, von oben her sich in Richtung Zielmitte zu bewegen (es wird lediglich ein wenig Widerstandskraft aus dem Bogenarm genommen) als durch erhöhten Kraftaufwand den entgegengesetzten Weg zu nehmen. Probieren Sie es ruhig einmal aus.

Idealer Vorzielpunkt

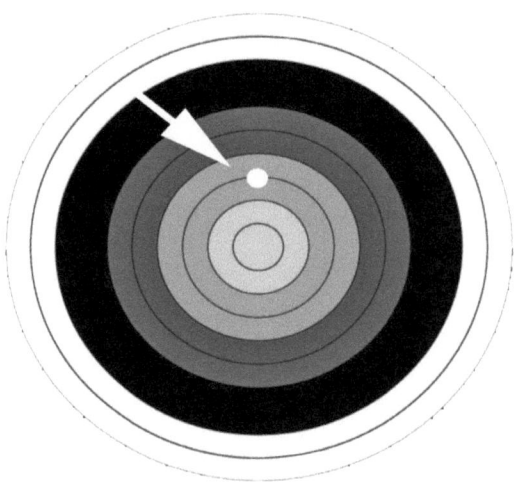

Zu langes Zielen

Obwohl der Kraftaufwand durch das Let-off an einem Compound-bogen deutlich verringert wird, so bleibt doch ein nicht unerheb-licher Aufwand an Kraft bestehen, zumal nicht nur das Zuggewicht sondern auch die Kraft für das Halten und Ausbalancieren des Bogens notwendig sind.

Diese Faktoren haben einen starken Einfluss auf den gesamten Schussablauf inklusive des Zielvorgangs. Hat der Schütze nicht genug Kraft und Kondition, so wird sich dieses auch auf das Zielen auswirken.

Halten Sie daher den Bogen nicht zu lange, zielen sie nicht zu lange, versuchen Sie nicht den Visierpin in die absolute Mitte des Zieles zu bringen und dort zu halten, denn Sie werden schnell anfangen "zu zittern". Sobald Sie dieses feststellen, brechen Sie den Schuss lieber ab und bauen ihn in aller Ruhe von neuem auf.

Merke:

Je mehr Zeit Sie aufwenden, um das "Zittern" zu verhindern, umso mehr werden ihre Muskeln weiterhin der Anspannung und dem Kraftaufwand unterliegen. Sie verlieren schlussendlich die Kontrolle über ihren Schuss!

Nachhalteposition – der Bogenarm wird fallengelassen

Auch wenn ihr Compoundbogen aufgrund seiner äußerst starken Kraftentfaltung den aufgenockten Pfeil mit Geschwindigkeiten von über 300 Km/h beschleunigen kann, so besteht doch immer noch ein hohes Maß an Trefferungenauigkeit, indem die Bogenhand (Stützseite) sich nicht in Zielrichtung bewegt, sowie die Restspannung nicht aufrechterhalten wird (Stützlinie 1-4).

Dieses führt dazu, dass der Bogenarm in dem Moment anfängt zu fallen, wenn der Auslösemechanismus des Release betätigt wird. Der Pfeil hat den Bogen aber noch nicht verlassen, denn er wird noch immer durch die Sehne beschleunigt. Und genau in diesem Zeitraum tritt der Fehler und die Ungenauigkeit im Trefferbild auf (zu 99% Tiefschüsse mit seitlicher Abweichung).

Der Pfeil ist weg – und der Bogenarm steht!

Nachhalteposition – "Das Schnappen"

Für die meisten Anfänger besteht eine weitere Schwierigkeit darin, den Bogen **nicht** festzuhalten.

Der Bogen wird nicht mit den Fingern umklammert oder fest-gehalten. Er wird nur durch eine Handgelenksschlinge, einer Fingerschlinge oder einer Bogenschlinge gegen das Herunterfallen gesichert. Es dauert in der Regel (je nach Trainingsablauf und Trainingsintensität) recht lange, bis der Schütze seinem Unterbewusstsein beigebracht hat, nach dem Lösen den Bogen nicht durch zuschnappen der Finger festzuhalten.

Intensives Training, bei dem der Schütze sich ausschließlich darauf konzentriert, die Bogenhand locker und entspannt zu lassen ist anfangs unabdingbar.

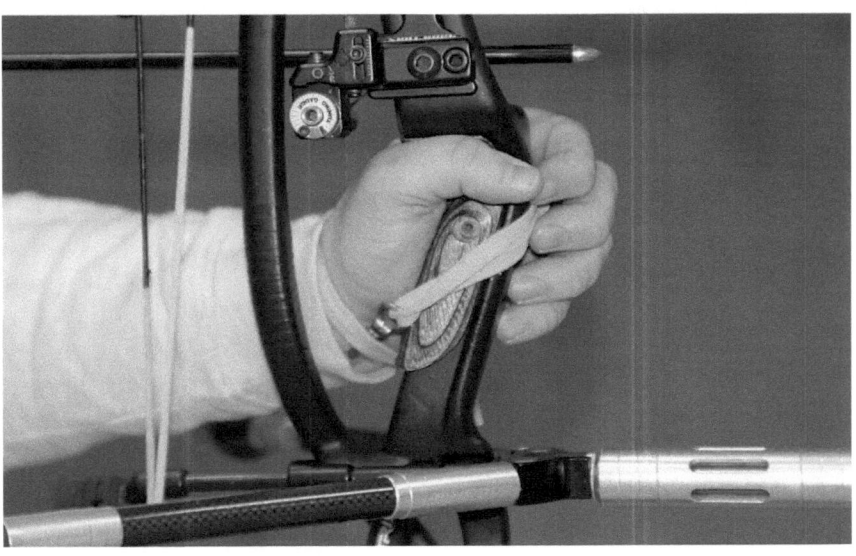

Bogenhand mit Handgelenksschlinge

Sicht durch das Peep Sight (Sehnenvisier)

Eine kritische Sache ist die Ausrichtung zwischen dem zielenden Auge und dem Peep Sight.

Ist die gewählte Auszugslänge zu kurz, ist das Auge zu weit entfernt und das Sichtfeld ist eingeschränkt. Außerdem ist das Umfeld nicht genügend durch das Peep-Sight abgedeckt. Der Schütze ist somit gezwungen, alles außerhalb seines Peep-Sights zu ignorieren und sich verstärkt nur auf das Durchsehen zu konzentrieren. Die Folge ist, dass wenn der Schütze zu wenig durch das Peep sieht und zu viel außerhalb, wird er keine befriedigenden Ergebnisse erzielen können.

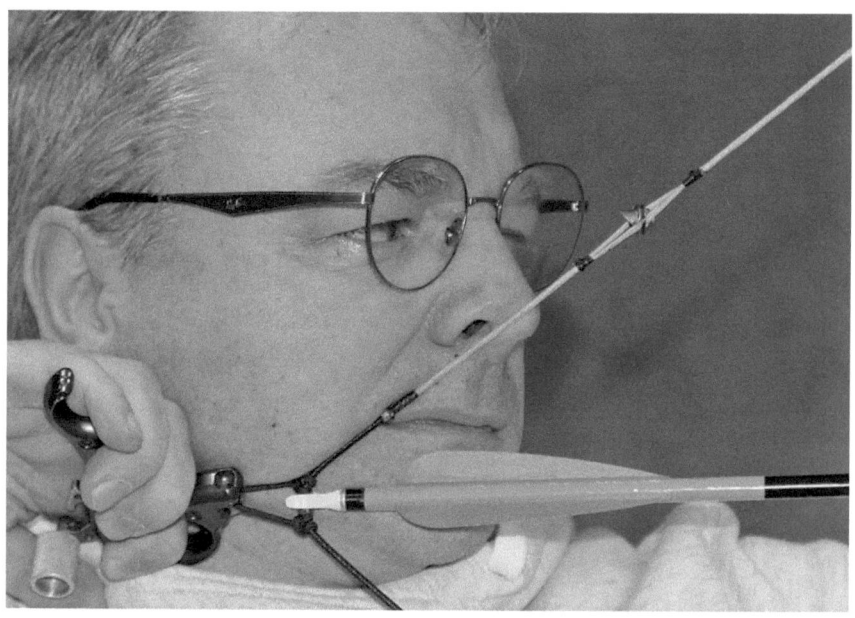

Optimale Auszugslänge und richtige Peep Sight-Position

Schießstil – der Weg zu einem erfolgreichen Compoundschützen

Um ein erfolgreicher Compound-Bogenschütze zu werden, müssen Sie zwingend einen guten und sicheren Schießstil (vorzugsweise mit einem ausgebildeten Bogensport-Trainer) entwickeln.

Wie bei allem, fängt man mit einer soliden Grundausbildung als Basis in diesem Bereich an. Es wird Ihnen dabei helfen, Ihr volles Potential und ihre Leistungsfähigkeit auszuschöpfen.

Halten Sie ihren Compoundbogen immer gerade – auch im unwegsamen Gelände

Die Frage, ob der Bogen immer gerade gehalten werden sollte, kann mit einem eindeutigen

SEHR WICHTIG

beantwortet werden. Der Grund dafür ist, dass der Pfeil immer da treffen soll, wo der Pin des Scopes das Ziel anvisiert hat.

Die meisten und gebräuchlichsten Visiere und Scopes sind mit einer Wasserwaage ausgestattet, dass ein sehr hilfreiches Hilfsmittel ist. Aber woher kommt es, dass ein Bogen nicht gerade steht? Dieses kann sehr unterschiedliche Gründe haben.

Schießt man z.B. entlang eines Berghanges, so lehnt sich der Schütze automatisch zum Hügel hin. Dieses führt dann automatisch zu einem "verkannten" des Bogens. Oder so ein Verkannten entsteht bei Seitenwind wobei dann das Ausrichten des Bogens aufgrund der Windstärke immer schwieriger wird.

Der beste Weg, ein "Verkanten" zu verhindern, ist der Einsatz einer Wasserwaage.

Scope mit Wasserwaage

Eine gute und kraftsparende Methode ist, den Bogen anzuheben und sofort mit Hilfe der Wasserwaage auszurichten und dann ganz bewusst zu versuchen, während des Spannens den Bogen weiterhin gerade (innerhalb der beiden Markierungslinien der Wasserwaage) zu halten.

Ich persönlich habe die Erfahrung gemacht, dass es weitaus schwieriger ist, den Bogen erst im Vollauszug auszu-richten, statt gleich die oben beschriebene Methode anzuwenden.

Dritter Teil: Kleine Compound-Bogenkunde

Grundsätzlicher Aufbau eines Compoundbogens

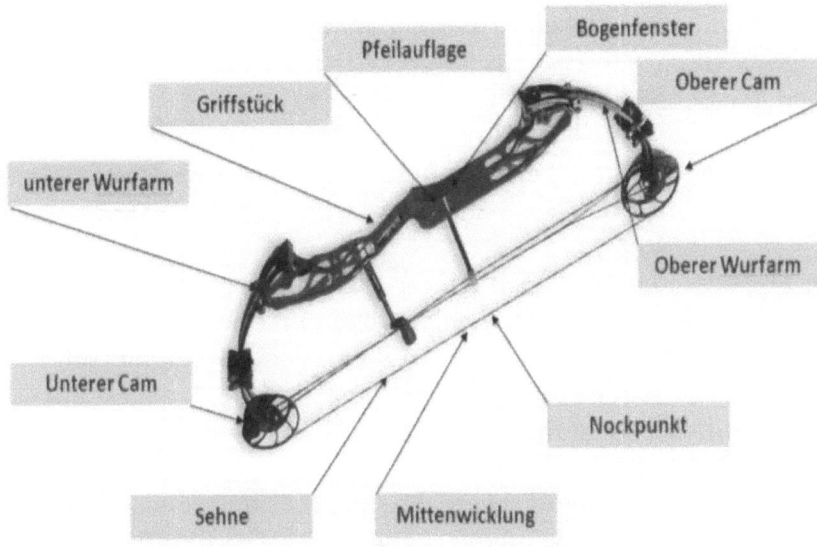

Bildquelle: Schulungsunterlagen Trainer 1 des Deutschen Feldbogen Sportverbandes (DFBV) e.V.

Das Zuggewicht – (k)eine Glaubensfrage

Das Zuggewicht ist die gemessene Menge an Energie die benötigt wird, um einen Bogen auszuziehen. Es gibt einige Faktoren zu erwähnen, die jenseits der puren Kraft liegen, wenn es darum geht, dass passende Zuggewicht für den Schützen zu finden.

Aus meiner persönlichen Erfahrung empfehle ich, zunächst ein Zuggewicht zu wählen, dass aufgrund der körperlichen Konstitution des Schützen "bequem" zu ziehen ist.

Wird gleich am Anfang ein zu hohes Zuggewicht gewählt, verliert man ganz schnell den Spaß an diesem tollen Sport.

Die Muskeln, die hauptsächlich für das Schießen mit dem Compoundbogen benötigt werden, liegen im oberen Bereich des Rückens. Da diese Muskelgruppen im tägliche Leben nur sehr wenig benutzt und genutzt werden, müssen diese durch koordiniertes Training erst aufgebaut werden.

Als Faustregel kann man sagen, dass das Auszugsgewicht ca. 75% der durch den Schützen aufzubringenden Maximalkraft seien sollte. Heutzutage haben diesbezüglich viele Bögen einen Verstellbereich im Bereich der Zugkraft von ca. 10 lbs.

Es gibt aber immer mehr Compoundbögen, die einen Verstellbereich zwischen 20 bis 70 lbs. anbieten, wobei auch die Auszugslänge in einem durchschnittlichen Rahmen von 26 bis 31 Zoll liegt. Diese Faktoren machen es dem Schützen als Neueinsteiger relativ einfach, den Bogen seinen körperlichen Fähigkeiten individuell anzupassen.

„Berechnungsformel" zum Thema Auszugslänge:

Stellen Sie sich gerade hin und strecken Sie ihre Arme nach beiden Seiten auf Schulterhöhe aus. Arme und Hände hierbei nicht überstrecken!

Nun misst eine dritte Person den Abstand zwischen dem Mittelfinger der rechten Hand bis zum Mittelfinger der linken Hand in Zentimeter. Dieser Abstand wird auch Flügelspannweite genannt.

Und nun müssen Sie ein wenig rechnen:

Die Flügelspannweite teilen sie jetzt zwei mal durch 2,54.

Beispiel: Längenmaß von Mittelfinger zu Mittelfinger ist 180 cm.

180 dividiert durch 2,54 und wieder dividiert durch 2,54 = Auszugslänge 28 Zoll.

Hier einige ca. Richtwerte für die Auszugslänge:

Spannweite cm	Auszugslänge/Zoll	Auszugslänge Bogen / Zoll
155	24,03	24
160	24,80	25
165	25,58	26
170	26,35	26
175	27,13	27
180	27,90	28
185	28,68	29

Was bedeutet AtA?

AtA bedeutet Achse zu Achse (Axle to Axle) bezeichnet die Bogenlänge eines Compoundbogens.

Gemessen wird die Länge von der Achse des oberen Wurfarmes zur Achse des unteren Wurfarms in Zoll. In der Regel hat ein Compoundbogen eine Achslänge zwischen 30 und 40 Zoll.

Bögen für das Scheibenschießen haben eine Achslänge zwischen 36 und 40 Zoll und Bögen für das 3D-Schießen zwischen 32 bis 40 Zoll. Jagdcompoundbögen haben eine Achslänge von 29 bis 36 Zoll.

Einen wesentlichen Einfluss auf die passende Bogenlänge haben auch die Körpergröße des Schützen und seine Auszugslänge.

Die Pfeilauflage

Die Pfeilauflage dient zur Aufnahme des eingenockten Pfeils im Bereich des Bogenfensters.

Obwohl diese Auflagen auf den ersten Blick recht kompliziert aussehen, so sind sie es dennoch nicht. Horizontale und vertikale Einstellungen für das korrekte montieren der Auflage an ihrem Compoundbogen sowie deren Einstellungen lassen sich unabhängig voneinander leicht und sicher vornehmen.

Compound-Pfeilauflage, der Pfeil liegt auf dem Launcher

Aber was ist die richtige Auflage und was darf sie kosten? Meine Empfehlung hierzu, investieren Sie gleich am Anfang ein paar Euros mehr und legen Sie sich eine hochwertige Pfeilauflage, die mit einem Federblech (Launcher) ausgestattet ist zu. Die gibt es schon ab ca. 50,00 €.

Cams

So werden die Rollen (drehbare Räder) eines Compoundbogens genannt. Es gibt sie in unterschiedlichen Formen und Ausführungen und beeinflussen das Zug- und Schussverhalten des Compoundbogens. Es werden drei Typen unterschieden:

1. Round -Wheel
2. Energie-Wheel
3. Cam–Wheel

Sie verfügen über zwei verschiedene Durchmesser, auf denen Kabel oder Sehne aufgerollt und eingehakt sind.

Im ungespannten Zustand des Bogens ist auf der größeren der beiden Cams die Sehne aufgerollt und eingehakt.

Beim Spannen des Bogens wird die Sehne nun vom großen Rad abgerollt und auf dem kleinen Rad wird das am gegenüberliegenden Wurfarm befestigte Kabel aufgerollt.

Die Cams/Rollen sind zusätzlich exzentrisch aufgehängt und das ganze System arbeitet nach dem Gesetz der Hebelwirkung. Mit steigendem Auszug des Bogens nach hinten nimmt die Kraft zunächst stetig zu, um dann beim Überschreiten des sog. Gipfel-Zuggewichtes rapide abzunehmen.

Der Bogenschütze hält dann bei voll ausgezogenem Bogen nur noch einen Bruchteil des Gipfelzuggewichtes.

Compound-Bogenschütze im Vollauszug

Kabel und Sehne

Bei aktuellen Bogenmodellen sollten die Kabel und Sehnen aus gleichem Material bestehen. In der Regel haben Kabel mindestens zwei Stränge mehr als die Sehne.

Die Anordnung der Kabel ist abhängig vom jeweiligen Bogentyp und dessen verbauten Cams. Um den auftretenden Abrieb zu vermeiden, werden die Kabel im Bereich der Cams mit einer dünnen Schutzumwicklung versehen.

Kabel und Sehne eines Compoundbogens

Das Release

Das Release ist ein Hilfsmittel, welches das Spannen und ruckfreie Lösen der Sehne beim Compoundbogen ermöglicht. Dadurch wird der Schuss perfektioniert und der Schütze erhält eine konstante Trefferlage.

Handgelenksschlaufen-Release mit Zeigefinger-Auslösung

Bevor der Schütze/Anfänger zum ersten Mal ein Release zum Einsatz bringt, sollten vorab einige "Trockenübungen" durchgeführt werden.

Dafür reicht es aus, eine fast unmerkliche (sehr geringe) Spannung an der Sehne zu erzeugen um dann den Auslöser (Trigger) zu betätigen. Hierbei erhält der Schütze ein Gefühl für die Leichtigkeit und Reaktion des Mechanismus.

Trigger-Release mit Daumen-Auslösung

Es gibt folgenden Release-Arten:

1. Trigger Release
Gibt es als Handgelenksschlaufen-Release (wird in der Regel mit dem Zeigefinger ausgelöst) oder als Daumen-Release mit Trommel als Auslöser (Trigger). In diesem Buch zeigen wir Ihnen das Daumen-Release.

2. Hinge oder Kipp-Release

Diese Releaseart löst durch eine Kippbewegung aus. Durch die Rotation des Zugarms nach hinten ,die Entspannung des Zeigefingers, oder sehr starke Zug nach hinten bei gleichzeitiger Entspannung des Zeigefingers oder einer Mischung aus allem wird dieses Release ausgelöst.

3. Resistance-Activated Release

Diese Releases lösen aus, wenn ein bestimmter Widerstand überschritten wird. Dabei hält man während des Auszugs den Finger (meist den Daumen) auf einer Sicherung und wenn man im Let-Off ist, lässt man die Sicherung los.

Wenn Sie bei Ihrem Compound im Vollauszug nur noch 15 lbs halten, dann stellen Sie den Widerstand dieses Releases auf etwa 20 lbs ein. Das Lösen funktioniert dann so, dass Sie zielen und gleichzeitig über die Rückenspannung die Zugkraft solange erhöhen, bis Sie mit einer Kraft von mehr als 20 lbs ziehen. Da der Widerstand darauf eingestellt ist, löst es dann aus.

Das Scope – das Visier

Scopes und Visiere sind Zieleinrichtungen, welche eine horizontale und vertikale Zielkorrektur ermöglichen. Diese Visierkorrekturen können Sie beliebig durchführen, bis Ihr Trefferbild sich in der Scheibenmitte befindet. Ich empfehle, sich die verschiedenen Einstellung für jede von Ihnen geschossene Entfernung zu notieren.

Visier und Scope von Beiter an einem Compound-Bogen

Diverse ausführliche Artikel zum Thema Visiereinstellung finden Sie auf unserem Bogensport-Blog:

http://deutscher-bogensportverlag.de/?s=Visiereinstellung

Stabilisatorensystem

Ein Stabilisator dient dazu den Bogen zu beschweren und ermöglicht dem Schützen im Moment des Auszuges und in der Ankerposition seinen Bogen ruhig zu halten und ihn dabei auszubalancieren.

Preiswerte Mono- und Seitenstabilisatoren von Cartel

Die Verwendung eines Stabilisators bringt einige Vorteile mit sich. Das Gewicht des Bogens wird so nach vorne verlagert, dass der Bogen nach dem Abschuss sofort nach vorn in die gewünschte Fallposition gelangen kann.

Des Weiteren dient der Stabilisator dazu, Schwingungen zu dämpfen, die beim Abschuss entstehen. Auch der Bogenschütze selbst profitiert von der Verwendung eines Stabilisators. Durch die Dämpfung des Systems beim Abschuss wirken weniger Schockwellen auf den Arm, das Handgelenk, den verschiedenen Sehnen und der Gelenke.

Zusätzlich können noch sog. Schwingungsdämpfer am Bogen angebracht werden. Diese können am Sehnensystem oder am Stabilisatorensystem angebracht werden.

Der Nockpunkt

Auf der Bogensehne wird ein sogenannten Nockpunkt zur Markierung angebracht, sodass der Pfeil immer von der selben Stelle auf der Sehne geschossen werden kann.

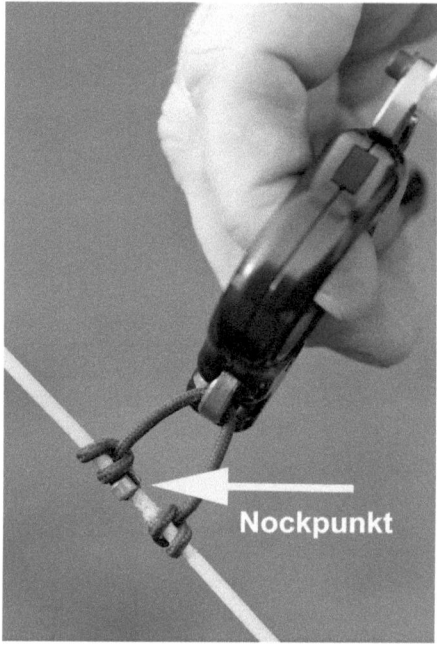

Der Nockpunkt ist daher ein Hilfsmittel und nimmt einen wichtigen Einfluss auf die Pfeilgruppierung ein. Damit der Bogenschütze eine gute Pfeilgruppierung erreichen kann, muss der Nockpunkt an der richtigen Position auf der Sehne befestigt werden. Diese Markierung wird mit Hilfe eines Checkers ausgemessen.

Kabelabweiser

Der Kabelabweiser hält die Kabel aus der Flugbahn des Pfeiles und erlaubt dadurch den Gebrauch von dünneren und leichteren Cams. Diese machen den Bogen schneller und effektiver wobei die Wurfarme weniger Gewicht nach vorne bringen müssen.

Das führt dazu, dass mehr Energie auf den Pfeil übertragen wird und dieser durch seine höhere Geschwindigkeit eine flachere Flugbahn aufweist. Er ist daher bis zum Ziel, verglichen mit einem schwächeren Bogen, kürzer in der Luft und ist weniger Windanfällig.

Pflege und Lagerung

Lagern Sie ihren Bogen kühl und trocken. Hohe Temperaturen, wie sie in einem Fahrzeug entstehen können, können schwerwiegende Beschädigungen verursachen. Daher meine Empfehlung, wachsen Sie die Kabel und Sehne regelmäßig. Achten Sie bitte darauf, das nur die Sehne gewachst wird, nicht die Kabel. Diese werden mit handelsüblichen Gleitmitteln aufgebracht.

Sehnen und Kabel sollten in regelmäßigen Abständen ausge-wechselt werden. Dieses ist zunächst abhängig von den geleisteten Schüssen die zwischen 5000 und max. 7500 liegen wird.

Wird der Bogen über einen längeren Zeitraum nicht genutzt, können Kabel und Sehnen plötzlich reißen und dem Schützen sowie dem Bogen Schaden zufügen. Das Wechseln kann nur mit einer geeigneten Bogenpresse durchgeführt werden. Dieses sollte auf jeden Fall von einer fachkundigen Person durchgeführt werden.

Transport

Zum Schutz des Compoundbogens sowie des mitgeführten Zubehörs sollte der Transport in einem Koffer oder einer Tasche erfolgen.

So werden (oft teure) Beschädigungen am Bogen und Zubehör vermieden. In einem gut sortierten Fachhandel (wie beispielsweise Bogensport Deutschland www.bogensportdeutschland.de) werden Sie bestimmt den für Sie passenden Koffer oder die passende Tasche finden.

Hochwertiger Compoundkoffer

Wie wird ein Loop gebunden?

Ein Loop löst sich schon mal oder muss nach einem Sehnentausch ersetzt werden. Ein Compound-Bogenschütze sollte dies selbst können. Loop-Garn gehört daher in jede Compound-Bogentasche.

Und so sieht ein Loop-Knoten aus:

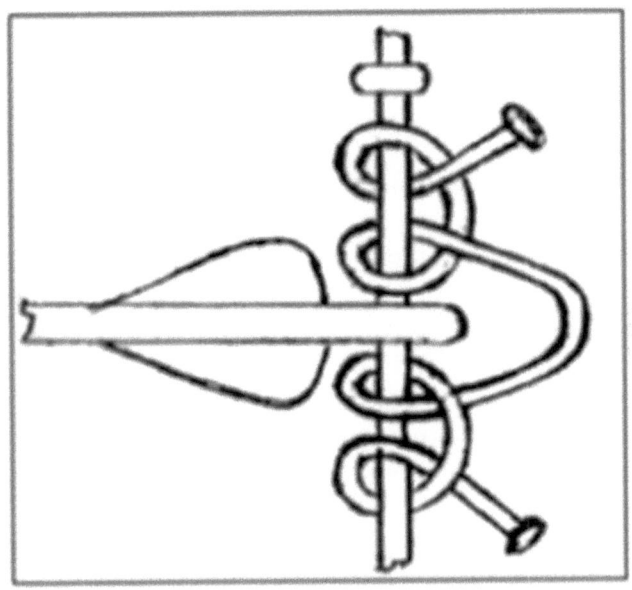

Grafische Darstellung eines Loop-Knotens

Sicherheitshinweise und allgemeine Informationen zum Compoundbogen

1. Der Compoundbogen darf – niemals – leer geschossen werden! Wenn der Bogen, ohne einen Pfeil eingelegt zu haben, ausgezogen wird, muss die Sehne langsam und gewissenhaft mit der Hand/Muskelkraft wieder nach vorne geführt werden. Wichtig dabei ist, den Bogen dabei nicht verkannten oder leichtfertig loszulassen. Wird die Sehne ohne Pfeil losgelassen, kann dies zu schweren Beschädigungen führen. Auch sind Verletzungen am Körper des Schützen möglich.

   Merksatz: *Die Sehne darf niemals ohne Pfeil ausgelöst werden!*

2. Der Bogen darf – niemals – großer Hitze ausgesetzt werden! Gerade in den Sommermonaten, in denen die Sonne die Hitze im Auto auf Höchstwerte treibt, sollten Sie Ihren Bogen diesen hohen Temperaturen nicht aussetzen, da dieses zu Beschädigungen der Bogenarme führen kann.

3. Der Bogen darf – niemals – über die empfohlene Auszugslänge des Herstellers hinaus ausgezogen werden! Das "Überziehen" und "Überdehnen" verursacht übermäßigen Druck auf die Bogenarme, dem Mittelteil und den mechanischen Anbauteilen.

4. Der Bogen sollte vor jedem Gebrauch sorgfältig und gewissenhaft geprüft werden! Achten Sie bitte auf festen Sitz aller am Bogen befindlichen Schrauben und deren Verbindungen. Prüfen Sie ob alle Zubehör- und Anbauteile richtig festsitzen und ob alle Kabel und die Sehne frei von Beschädigungen sind.

Zusätzliche Warnhinweise

1. Überprüfen Sie regelmäßig und gewissenhaft Ihre Pfeile. Hierbei achten Sie besonders auf Risse, Knicke, Verbiegungen, Dellen und Beulen. Ein defekter Pfeil kann für den Schützen und sich in der Nähe befindlichen Personen zu einem erheblichen Sicherheitsrisiko führen. Auch der Bogen kann Schaden nehmen.
2. Eine falsche Handhabung kann zu erheblichen Verletzungen führen. Beachten Sie daher alle relevanten Sicherheitsbestimmungen sowie den Angaben des Herstellers. Das den meisten Compoundbögen beiliegende Datenblatt wird ihnen hier gute Hinweise liefern.
3. Trauen Sie sich Veränderungen und Einstellungen am Bogen nicht selbst zu, so überlassen Sie dieses bitte einem fachkundigen Bogenschützen oder dem Fachhändler Ihres Vertrauens.
4. Schießen Sie nur auf 100% sichere Ziele. Überprüfen Sie im Vorfeld des Schießens, ob das Ziel, die Scheibe, der Pfeilfang und der umliegende Bereich sicher sind und den gesetzlichen Anforderungen entsprechen.

Der Compound-Bogenschütze hat ...

1. Eine Auszugsreduzierung (Let-off) von bis zu 80%
2. Einen geringerer Kraftaufwand im Endauszug
3. Einen kürzerer Bogen gegenüber anderen Bogenarten
4. Ein Vergrößerungsglas im Visier (Scope) das meist auswechselbar ist (verschiedene Vergrößerungsstufen)
5. Ein Peep-Sight (Sehnenvisier)
6. Eine Wasserwaage zum ausrichten und ausbalancieren des Bogens (meist im Scope)
7. Ein Release (Ablasshilfe, Auslöser)
8. Eine versetzbare Pfeilauflage in Richtung Sehne (Overdraw)
9. Die Möglichkeit, kürzere Pfeilen zu verwenden (gestrecktere Flugbahn)

Compoundbogenschützen bei einer Meisterschaft

Hilfreiche Grundsätze für den Anfänger

Um Ihre Erwartungshaltung als Anfänger im Bogensport in die richtigen Bahnen zu lenken, sollten Sie folgende Grundsätze beherzigen:

1. Haben Sie als Schütze immer Spaß am Bogenschießen und denken Sie stets an die Sicherheit!
2. Bogenschießen ist ein toller Freizeitsport und nehmen Sie es nicht ernster als er ist. Genießen Sie Ihre Freizeit mit diesem Sport und vermiesen Sie nicht sich selber oder Ihren Mitschützen die gute Laune.
3. Entschuldigen Sie sich nicht, wenn Sie gut schießen und genauso wenig, wenn Sie schlecht schießen.
4. Bogenschießen ist und bleibt ein Individualsport!
5. Hören Sie jedem aufmerksam und konzentriert zu, aber seien Sie vorsichtig, wenn jemand Ihnen sagt, dass nur sein Weg zum erfolgreichen Schießen der einzig richtige ist.
6. Nutzen Sie die besten Informationen die Sie kriegen können, aber eben nicht alle Informationen.
7. Suchen Sie sich die Unterstützung eines ausgebildeten Bogensporttrainers oder zumindest eines erfahrenen Bogenschützens.

Tipps zum erfolgreichen Compoundschießen

1. Bevor Sie Ihren ersten Schuss machen wollen, klären Sie für sich persönlich ab, was Sie jetzt machen wollen. Konzentriertes und zielführendes Training oder ein Setup des Bogens oder des Materials. Versuchen Sie beides zu kombinieren wird das Eine das Andere verhindern.
2. Schießen Sie den ersten Schuss des Tages nicht ohne mentale Vorbereitung. Gehen Sie den gesamten Schußablauf im Geiste vorweg durch und konzentrieren Sie sich ausschließlich auf Ihre Technik.
3. Finden Sie den richtigen und optimalen Spinewert Ihres Pfeiles heraus, denn nichts anderes kann ihrem Bogen mehr helfen seine Aufgabe zu erfüllen.
4. Der Bogen kann nichts anders tun, als den eingenockten Pfeil zu beschleunigen.
5. Der Schütze ist für alles, was mit seinem Schießen zu tun hat, selbst verantwortlich. Keine Ausreden – keine Ausflüchte – kein Selbstbtäuschung.
6. Entwickeln Sie kontinuiertlich Ihre technischen und mentalen Fähigkeiten.
7. Überprüfen sie ständig Ihren Bogen, Ihre Pfeile sowie Ihr Zubehör auf eventuelle Beschädigungen
8. Sie können aufhören, auf Ihre Ausrüstung zu schimpfen, wenn Sie alle kritischen Maße bei sich tragen. Um diese (kritischen) Maße zu dokumentieren, empfehle ich den – Bogenpass – zu dem Sie unter folgendem Link (das ist unser Bogensportblog) nähere Informationen erhalten:

http://deutscher-bogensportverlag.de/warum-fast-jeder-bogenschuetze-einen-bogenpass-braucht/

Zum Schluss noch zwei Weisheiten aus dem Bogensport

Jeder Schütze macht während des Trainings
oder im Wettkampf lediglich einen einzigen Schuss
und zwar immer den perfekten!
Dieser wird dann in der Folgezeit ständig und
stetig mit steigender Intensität wiederholt!

Anhang

Anhang 1: Bau eines Nullbogens für das Techniktraining

Anhang 2: Die richtige Bogensport-Ausrüstung für den Anfang für rund 210,00 Euro

Anhang 3: Fünf gute Trainingstipps

Anhang 4: Aufbau einer Trainingseinheit sowie Trainingsinhalte

Anhang 5: Lernhilfsmittel für das Bogensporttraining

Anhang 6: Begriffsdefinitionen (Glossar)

Anhang 7: Literaturverzeichnis

Sachregister

Anhang 1: Bau eines Nullbogens für das Techniktraining

Bei unseren Bogensport-Seminaren für Einsteiger bekommen die Teilnehmer in den ersten drei bis vier Trainingseinheiten noch keinen "richtigen" Bogen in die Hand. Die richtige Technik wird zunächst ausgiebig mit einem sogenannten Technik- oder Nullbogen geübt.

Bogenschützin mit Technikbogen

Ein Nullbogen ist ein Plastikrohr mit einer einfachen Schnur als Sehne. Das Zuggewicht ist gleich Null (daher auch der Name) und für den Anfang ideal, um ohne große körperliche Anstrengung die Bewegungsabläufe des Bogenschießens zu erlernen.

Aber auch für fortgeschrittene Bogenschützen ist er ein nützliches Hilfsmittel, um gezielt an diversen "Baustellen" zu arbeiten. Denn auch wenn man schon lange schießt, schleichen sich immer wieder einmal Fehler ein, die man mit einem Technikbogen relativ leicht beheben kann.

Solch einen Technik- oder Nullbogen können Sie recht einfach selber bauen. Das dafür notwendige Material bekommen Sie in jedem Baumarkt, das Werkzeug haben die meisten bestimmt schon zu Hause.

Benötigtes Material:

- Isolierrohr (Länge 2 m, Durchmesser 20 mm)
- PE-Rohrisolierung (Länge 1 m, Innendurchmesser 20 mm)
- Schnur (z.B. Polypropylenschnur, ca. 5 mm stark)
- eventuell Gleitmittel (z.B. Ballistol)

Werkzeuge:

- Bohrmaschine (eventuell Standbohrmaschine, die erleichtert die Arbeit ungemein)
- Schraubendreher (Kreuzschlitz)
- Feuerzeug

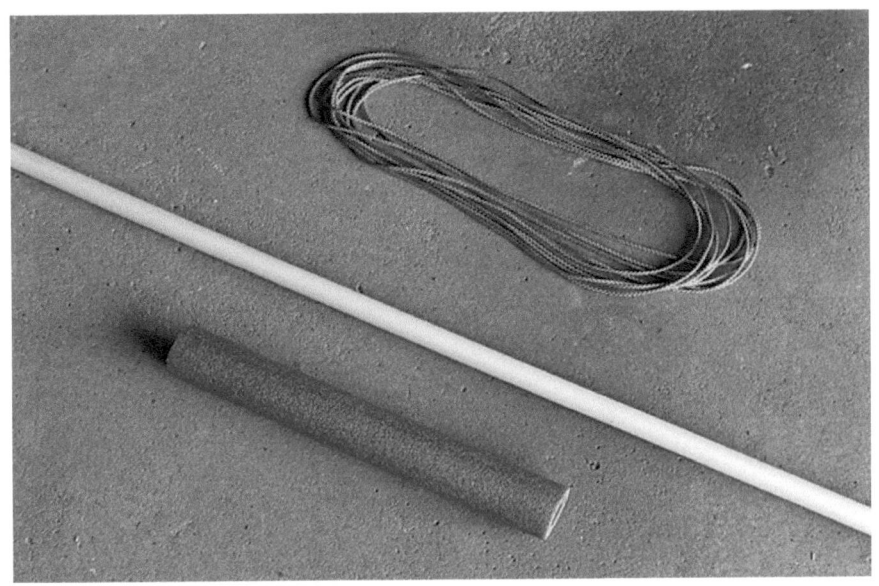

Und los geht es: zunächst jeweils etwa 2 cm von jedem Ende des Isolierrohres ein Loch bohren. Dabei darauf achten, das beide Löcher auf der gleichen Seite des Rohres liegen.

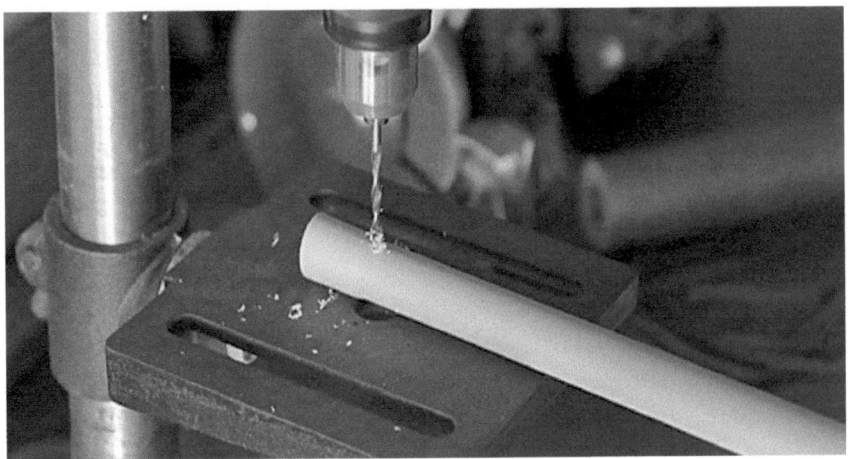

Nicht auch die andere Seite durchbohren und nur so groß, dass die Schnur gerade hindurch passt!

Das Loch mit einem Kreuzschlitzschraubendreher etwas weiten und dabei die Grate entfernen.

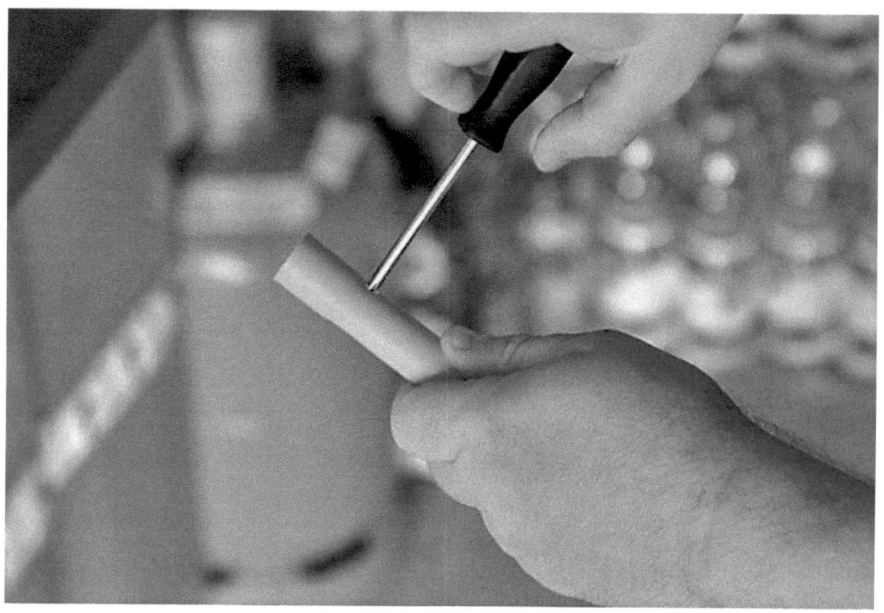

Von der Rohrisolierung ein Stück abschneiden (ca. 15 cm, dient als Griffstück). Dieses Stück über das Isolierrohr bis etwa zur Mitte des Rohres schieben.

Ein wenig Ballistol oder Waffenöl in die Öffnung der Rohr-isolierung gesprüht erhöht die Gleitfähigkeit und erleichtert dadurch diese Arbeit.

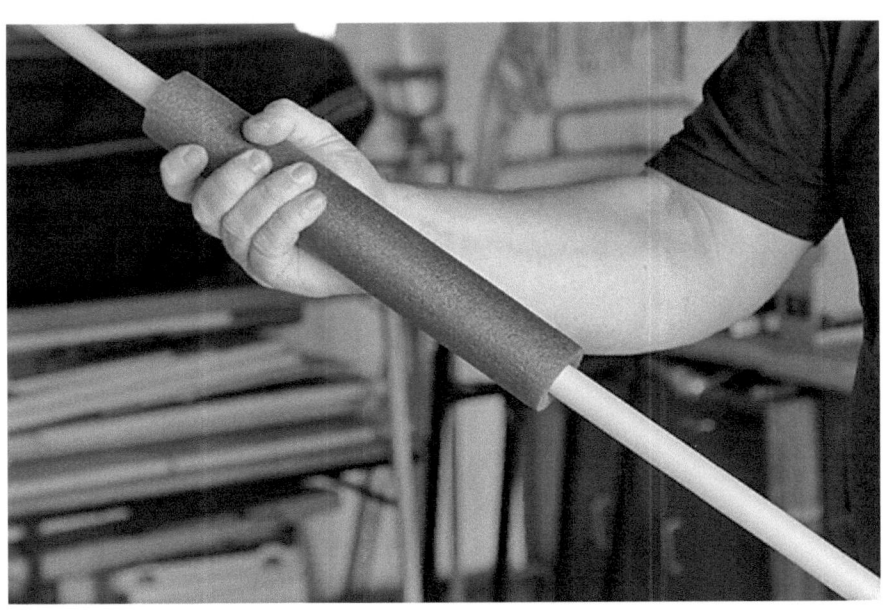

Jetzt wird die Schnur angebracht. Sie sollte ein gutes Stück kürzer sein als das Isolierrohr. Schließlich wollen wir ja einen ordentlich gebogenen Technikbogen haben. Die Schnittkanten der Schnur unter Zuhilfenahme eines Feuerzeuges verschweißen.

Die Schnur von außen durch das gebohrte Loch schieben und am Ende verknoten. Am anderen Ende natürlich genauso.

Und schon ist der erste Nullbogen fertig:

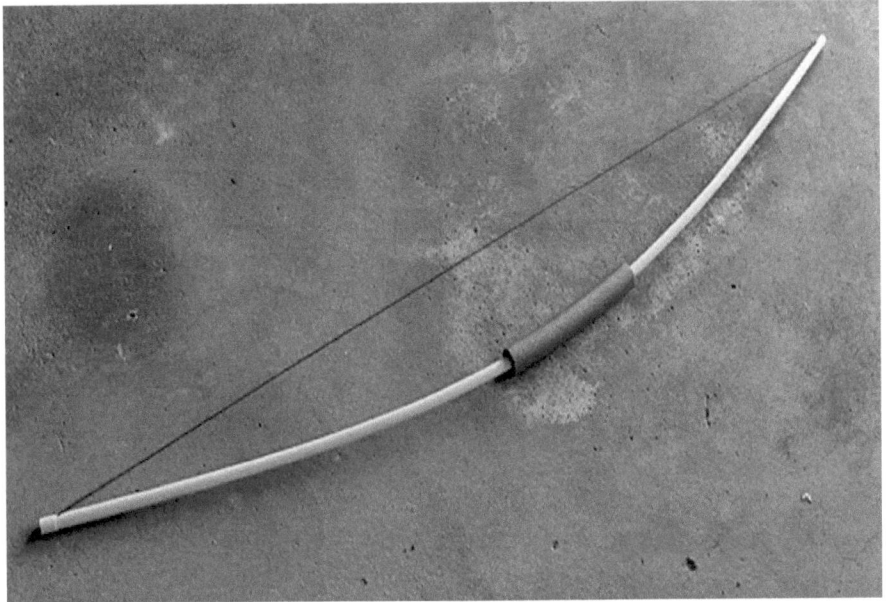

Übrigens weicht die anfängliche Enttäuschung unserer Kurs-
teilnehmer immer schnell der Erkenntnis, wie sinnvoll das erste
Erlernen des Schussablaufs "nur" mit einer "Bogenattrappe" doch
ist. Nämlich spätestens, wenn sie dann erstmals mit einem
Recurvebogen schießen dürfen!

Und wenn dann gestöhnt wird, wie schwer sich so ein "richtiger"
Bogen ziehen lässt, kommt unser Standardkommentar:

"Willkommen beim Bogensport!"

Anhang 2: Fünf gute Trainingstipps

Tipp 1: Wählen Sie für den Anfang ein moderates Zuggewicht

Ein leidiges Thema - gerade Männer wollen am liebsten sofort einen Bogen mit einem Zuggewicht von mindestens 50 lbs schießen. Aber kaum etwas ist für das Erlernen einer guten Schießtechnik kontraproduktiver als ein zu hohes Zuggewicht. "Viel gequält, wenig gezählt" - diesem Ausspruch eines erfahrenen Trainers kann ich nur zustimmen.

In der Regel schafft ein Anfänger zwar meist einige Schüsse mit einem zu starken Bogen. Doch dann wird er merken, das schnell die Kraft nachlässt und das Zittern immer stärker wird. Dies liegt zum einen vielleicht am ungenügenden Trainingszustand. Vor allem aber daran, dass beim Bogenschießen Muskelpartien in Anspruch genommen werden, die bisher noch nicht in Anspruch genommen wurden. Wegen "Übungslahmheit" wird dann die Durchführung eines technisch perfekten Schusses praktisch unmöglich.

Hören Sie bei der Wahl Ihres ersten Zuggewichts und der späteren Steigerungsschritte unbedingt auf Ihren Trainer. Für den Anfang empfehlen wir die folgenden, durchschnittlichen Richtwerte:

Kinder	12 lbs
Jugendliche	14-16 lbs
Zierliche Frauen	16-18 lbs
Frauen (je nach Kondition)	18-20 lbs
Männer (je nach Kondition)	nicht über 24 lbs

Tipp 2: Vertrauen Sie Ihrem Trainer und holen Sie sich oft Feedback

Im Idealfall haben Sie als Einsteiger in den Bogensport einen ausgebildeten Bogensporttrainer an Ihrer Seite. Suchen Sie sich am besten einen Verein, der über einen entsprechenden Trainer verfügt. Und wenn dann noch die Chemie zwischen Ihnen und Ihrem Trainer stimmt und Sie bereit sind, seine Trainingshinweise und Technikkorrekturen zu akzeptieren und durch konsequentes Training umzusetzen, dann sind Sie auf dem besten Weg, ein guter Bogenschütze zu werden.

Gibt es keinen Verein mit qualifizierten Trainern in Ihrer Nähe dann ist der Besuch einer professionellen Bogensportschule eine empfehlenswerte Alternative.

Falls Sie keinen Trainer haben, dann bitten Sie einen erfahrenen Schützen um sein Feedback zu Ihrer Technik. Notfalls hilft auch ein Video weiter. Analysieren Sie die Aufnahmen aber selbstkritisch und arbeiten Sie an Ihrer Technik. Sie sollten zuerst die Technik beherrschen - Ihren persönlicher Schießstil können Sie immer später noch entwickeln.

Tipp 3: Schießen Sie auf Zielscheiben OHNE Auflage

Auch wenn die meisten Schützen es nicht wahr haben wollen: sobald sie auf eine Scheibenauflage (die schöne bunte mit den Kringeln) schießen, richtet sich fast die gesamte Aufmerksamkeit nur aus das Zielen. Die technisch korrekte Ausführung des Schusses wird zur Nebensächlichkeit, obwohl gerade dies bei Anfängern das Wichtigste ist.

Also runter mit den Scheibenauflagen. Konzentrieren Sie sich auf einen technisch perfekten Schussablauf. Die "nackte" Zielscheibe dient nur als Pfeilfang. Wo Ihre Pfeile einschlagen ist anfangs völlig uninteressant. Wenn die Technik stimmt, kommt das Treffen später fast wie von selbst.

Tipp 4: Trainieren Sie auf kurze Distanzen

Wenn Sie schon dabei sind, die Scheibenauflagen abzunehmen, dann holen Sie die Zielscheibe auch gleich näher, viel näher heran. Trainieren Sie Ihre Technik auf kurze bis kürzeste Distanz (5 Meter reichen aus). Auf diese Entfernung brauchen Sie keine Angst davor zu haben, dass Ihre Pfeile die Scheibe verfehlen. Dadurch entspannen Sie und können sich völlig auf das Training Ihres Bewegungsablaufes konzentrieren.

Übrigens trainieren auch die Top-Bogenschützen unseres Nationalkaders regelmäßig auf kurze Distanzen und auf Scheiben ohne Auflagen!

Tipp 5: Lieber Klasse statt Masse

Vermeiden Sie beim Training das sinnlose "Ballern". Gerade im Bogensport sollte es immer heißen "lieber Klasse statt Masse". Also nicht möglichst viele Pfeile schießen, sondern lieber wenige. Die aber in möglichst perfekter technischer Ausführung.

Unser Unterbewusstsein speichert jeden Schuss ab. Leider kann es nicht zwischen guten und schlechten Schüssen unterscheiden. Untersuchungen haben ergeben, dass es 10 gute Schüsse (am Stück!) braucht, um einen schlechten Schuss wieder aus unserem unterbewussten "Bewegungsgedächtnis" zu tilgen.

Eine Erhöhung der Trainingsintensität (mehr geschossene Pfeile) kann dann in Absprache mit Ihrem Trainer nach Verfestigung der korrekt durchgeführten Bewegungsabläufe jederzeit erfolgen.

Wenn Sie diese Trainingstipps beherzigen, dann werden Sie schnell Fortschritte auf Ihrem Weg zum guten Bogenschützen machen.

Anhang 3: Aufbau einer Trainingseinheit sowie Trainingsinhalte

In diesem Kapitel möchten wir auf den Aufbau einer Trainingseinheit für den Bogensportler/Trainer eingehen und diese näher beschreiben. Wichtig in diesem Zusammenhang ist, das der Anfänger oder der noch nicht ganz so geübte Schütze sich zunächst bewusst macht, dass gerade im Bogensport eine Vielzahl von einzelnen Bewegungs- und Positionsphasen perfekt zusammengeführt werden müssen.

Stellen Sie sich hierzu eine große Torte vor, die zunächst in Einzelstücke aufgeteilt ist. Nun schauen Sie sich die einzelnen Schichten Ihres Tortenstückes genauer an. Sie erkennen die einzelnen und manchmal mehr oder weniger dicken Schichten mit abschließendem Zuckerguss. Jedes einzelne Tortenstück steht in der täglichen Trainingsarbeit für eine Positionsphase (PP1 bis PP4), die es zu erreichen gilt. Die einzelne Schicht steht für eine Überschrift Ihrer Trainingsarbeit aus der jeweiligen Phase.

Näheres und ausführlicheres hierzu unter dem Punkt: Meine Entscheidung als Trainer oder Schütze für eine Überschrift, z.B. die Stützseite beim Bogenschießen. Wenn Sie jetzt mit einer Kuchengabel ein Stück der Torte abstechen, dann steht dieses Stück symbolisch für ein Element des Trainingsinhaltes, z.B. die richtige Position der Finger auf der Sehne.

Merke: Ein Element ist genau die Menge, die auf eine Kuchengabel passt und mehr als ein Element passt nicht auf einmal in den Mund.

Die Trainingseinheit

Eine gesamte Trainingseinheit richtet sich ausschließlich auf das vorher definierte Ziel aus. Dieses Ziel sollte der Trainer im Vorfeld mit dem Schützen besprechen und **verbindliche** Inhalte festlegen. Es beginnt mit dem Vorbereitung auf den Hauptteil. Dieses findet hauptsächlich verbal statt, indem der Trainer kurz und präzise beschreibt, was er mit dem Schützen gemeinsam in dieser Trainingseinheit erreichen und umsetzen will. Der Hauptteil besteht aus speziellen Übungen, die zur Erreichung des gesetzten Ziels führen. Der Abschluss besteht aus der Nachbearbeitung des Hauptteils.

Der Aufbau einer Trainingseinheit

Der oder die Teilnehmer werden zunächst vom Trainer auf die jeweilige Trainingseinheit (TE) verbal eingestimmt. Es reicht hier aus, lediglich eine kurze Erläuterung des Inhaltes den Teilnehmern zu geben. Im Anschluss wird ein allgemeines Aufwärmtraining mit einfachen Schwung- und Koordinationsübungen durchgeführt.

Darauf folgt ein spezielles Aufwärmtraining, dessen Schwerpunkt bereits auf das Ziel ausgerichtet ist. Zu nennen wären hier beispielhaft Trockenübungen, Übungen mit dem Theraband oder ein sportliches Spiel. Mit Abschluss des speziellen Aufwärmtrainings endet die Einleitung.

Der Hauptteil

Um auch möglichst schnell und korrekt die spezifischen Trainingselemente zu erlernen oder aus Sicht des Trainers diese zu vermitteln, ist es sinnvoll, sich zunächst folgende Grundsätze zu eigen zu machen:

- immer vom Leichten zum Schweren
- vom Einfachen zum Komplexen
- vom Bekannten zum Unbekannten

Diese drei Aspekte bilden somit die Grundlage für eine erfolgreiche Trainingsarbeit oder das Erlernen von Trainingsinhalten. Aus Trainersicht werden die Übungen zunächst mit viel verbaler Unterstützung und dem Einsatz von Hilfsmitteln durchgeführt.

Danach folgt dann eine Steigerung des jeweiligen Schwierigkeitsgrades unter der Reduzierung der verbalen Unterstützung und den eingesetzten Hilfsmitteln. Im Folgenden wird die Übung ohne Unterstützung und Hilfsmittel ausgeführt.

Erkennt der Trainer, dass die vorherigen Übungen/Teilübungen korrekt ausgeführt wurden, so kann er dann dazu übergehen, die Übung mit dem eigenen Bogen ausführen zu lassen. Erkennt er hierbei, dass es in der Ausführung mit dem Bogen wieder zu Defiziten beim Schützen kommt, so geht man wieder zurück und beginnt die Übungen wie oben beschrieben vom Neuen. Dieses so lange, bis die Übungseinheit korrekt ausgeführt wird.

Bitte achten Sie in Ihrer täglichen Trainerarbeit immer darauf, dass auch Kleinigkeiten bei den spezifischen Übungen richtig und korrekt ausgeführt werden. Auch wenn Ihr Schüler dieses das ein oder andere Mal mit Murren kommentiert, im Nachhinein wird er Ihnen dankbar sein und die Schießleistung wird sich steigern.

Der Abschluss

Hier stehen diverse Lockerungs- und Dehnübungen im Vordergrund. Besonders für die Muskulatur, die während der Übungseinheit speziell oder im Einzelnen beansprucht worden ist.

Lassen Sie bitte dieses aus Zeitgründen nicht ausfallen, da es im Anschluss zu gesundheitlichen Problemen kommen kann. Muss nicht, kann aber!

Die von Ihnen durchgeführte Trainingseinheit endet dann mit einer Nachbesprechung mit den Probanden. Es empfiehlt sich hierbei auch, den Teilnehmern noch Informationsmaterial über die Übungseinheit auszuhändigen. Dieses ermöglicht Ihnen als Trainer, nochmals im Einzelnen gewisse Teilaspekte konkret beim Teilnehmer anzusprechen.

Das Training zum Erwerb der optimalen Technik beim Bogenschießen

Ziel eines solchen Technikerwerbstrainings ist es, dem Bogenschützen spezifische und stabile Gelenkwinkelstellungen durch das Einschleifen des optimalen Bewegungsablaufes in einen automatisierten Bewegungsablauf zu vermitteln.

Dieses hört sich zunächst sehr theoretisch an, aber im weiteren Verlauf werden Sie erkennen, dass dieses schnell begreifbar und umsetzbar ist. Als Grundlage dieses Trainings ist die Grundlage der „methodischen Reihung". Was bedeutet das?

Zu Beginn der Trainingseinheit steht immer die Vermittlung (verbal, Vormachen, Video, Kombination aus verschiedenen Methoden usw.) einer sogenannten Bewegungsvorstellung. Hierbei sei darauf hingewiesen, dass die äußeren Bedingungen, die individuellen persönlichen und sachlichen Voraussetzungen ihre Berücksichtigung finden müssen. Erst wenn das alles „abgeklärt" ist, kann mit der Ausführung des Technikelementes begonnen werden!

Achten Sie als Trainer immer darauf, dass der Einsatz des Therabandes und im Anschluss der Einsatz des Bogens vom Sportler nur dann erfolgen darf, wenn der Schütze die einzelnen Positionsphasen in einer qualitativ ansprechende Güte selbstständig absolvieren kann.

In der nachstehend aufgeführten Reihe sollte das Training aufgebaut sein:

- zunächst Trockenübungen
- dann erfolgt der Einsatz mit einem leichten Theraband
- dann der Nullbogen (je weniger Zuggewicht desto besser!)
- zum Schluss der Einsatz mit Pfeil und Bogen

Zu den Trockenübungen folgen nun noch einige Fotos, die die Übungseinheiten dokumentieren. Zunächst mit dem Theraband:

Vorspannposition   *Ankerposition*

Ankerposition   *Nachhalteposition*

Und jetzt mit dem Nullbogen:

Vorspannposition   *Ankerposition*

Nachhalteposition   *Der Bogen fällt (weil er nicht*
festgehalten wurde)

Wie Sie den oben dargestellten Positionsphasen und Bewegungsabläufen entnehmen können, beginnt es

- in der Ausgangsposition immer in der Nullstellung (NS). Ist eine Korrektur durch den Trainer erforderlich, beginnt der Schütze erneut in der Ausgangsposition
- der Trainer begleitet mit kurzen Anweisungen permanent den jeweiligen Ablauf
- hohe Wiederholungsraten unterstützen das Einschleifen der korrekten Bewegung und führen so zu einem konstanten Bewegungsablauf sowie eines stabilen und erfolgreichen Schießstils.

Auch wenn es sich in der heutigen Zeit etwas altmodisch anhört, aber Drill ist Automatisation und das will und muss der erfolgreiche Schütze umsetzen und erfüllen.

Hier noch eine kleine Geschichte über einen immerwährenden Kampf – (nicht nur) passend für jeden Bogenschützen:

ZWEI WÖLFE

Eines Abends erzählte ein alter Cherokee-Indianer seinem Enkel die Geschichte vom Kampf der im Geiste eines jeden von uns allen stattfindet. Er sagte: "Mein Sohn, der Kampf findet zwischen zwei Wölfen in uns statt. Der eine ist der Böse - es sind Ärger, Neid, Eifersucht, Leid, Reue, Habgier, Arroganz, Selbstmitleid, Schuld, Missgunst, Unterlegenheit, Lügen, falscher Stolz, Überheblichkeit und Ich-Bezogenheit. Der andere ist der Gute - es sind Freude, Frieden, Liebe, Hoffnung, Gleichmut, Bescheidenheit, Liebenswürdigkeit, Nächstenliebe, Mitgefühl, Freigiebigkeit, Wahrheit, Barmherzigkeit und Vertrauen".

Der Enkel dachte eine Minute lang darüber nach und fragte seinen Großvater dann: "Welcher Wolf gewinnt?" Der alte Cherokee antwortete einfach: **"Derjenige, den Du fütterst."**

Anhang 4: Lernhilfsmittel für das Bogensporttraining

Um die Trainingsarbeit effektiver, abwechslungsreicher und verständlicher zu gestalten, ist der Einsatz von sogenannten Lernhilfsmitteln förderlich. Hierzu gehören all die Dinge, die es dem Trainer ermöglichen, den Lernerfolg zu steigern und zu optimieren.

Hierzu einige Beispiele, die stellvertretend für viele andere Trainingshilfsmittel stehen.

Nullbogen:

Ein Nullbogen ist ein einfacher Stock oder ein Plastikrohr mit einem Gummiband daran. Das Zuggewicht ist gleich Null (daher der Name) und daher für den Anfang ideal, um ohne große körperliche Anstrengung die Bewegungsabläufe des Bogenschießens zu erlernen.

Personenwaagen:

Mit jeweils einem Fuß stellt sich der Schütze auf die schulterbreit aufgestellten Waagen und verteilt das Körpergewicht gleichmäßig auf beide Füße.

Anhand der Anzeigen kann man nun ablesen, wie das eigene Gewicht verteilt wird.

Der Teilnehmer entwickelt hierbei das Körpergefühl für einen gleichmäßigen und stabilen Stand.

Gummiband:

Positionierung des Gummis im ersten Fingergelenk der Zughand. Der Teilnehmer entwickelt hierbei ein Gefühl für die richtige Position der Finger an der Sehne. Wie fühlt sich das an, wenn die Sehne in den Fingern liegt?

Lineal in Verbindung mit zwei oder drei Gummibändern:

Ein Lineal wird mit zwei oder drei Gummibändern am Unterarm fixiert. Das Lineal wird so weit nach vorne geschoben, dass es den Handrücken und einen Teil des Unterarms abdeckt.

Jetzt kann das Handgelenk des Teilnehmers so positioniert werden, dass eine gerade Linie zwischen Handrücken, Handgelenk und Unterarm entsteht (siehe: Positionieren der Zugseite).

Federball:

Ein Federball wird auf den Kopf des Teilnehmers gestellt. Nun soll der Schütze den Bogen anheben, ausziehen und ankern, ohne dass aufgrund einer Kopf- oder sonstigen Bewegung der Federball nach unten fällt. Im Idealfall soll dieses auch noch beim Lösen so sein! Dieses ist eine hervorragende Übung zur Erreichung eines stabilen Schießstils.

Schützin mit Nullbogen und Federball auf dem Kopf

Augenklappe:

Für Schützen, die Schwierigkeiten haben, dass zielende Auge zu öffnen und das andere geschlossen zu halten.

Schlafmaske:
Hierbei soll der Schütze ein Gefühl für den gesamten Schießablauf bekommen. Ohne zu sehen – einfach fühlen. Auch können Teilbereiche im Techniktraining geübt werden.

Laserpointer / Laserspitze:
Hier wird ein Laserpointer am Pfeil oder am Frontstabilisator des Bogens befestigt. Zusätzlich klebt man einen Streifen Klebeband vertikal auf den Boden von der Schießlinie bis zur Zielscheibe.

Der Schütze soll nun so kontrolliert wie möglich seinen Bogen anheben, so das der Laserpunkt sich immer nur auf dem aufgeklebten Streifen bewegt. Das gleiche gilt auch für den Vorzielpunkt und das Zielen selbst.

Igelbälle:
Die kleinen Noppenbälle gibt es in unterschiedlichen Größen und lassen sich hervorragend im Aufwärmtraining und zur Schulung der Hand-Auge-Koordination einsetzen.

Warnweste:
Der Schütze zieht die vorbereitete Warnweste mit dem auf dem Rücken befestigten Rohr an. In die Röhre wird nun ein Pfeil oder ein ca. 1,00 Meter langer Holzstab geschoben. Beim Ausziehen des Bogens wird erkennbar, ob der Schütze seine Schultern in die korrekte Position bringt.

Balancierbrett:
Balancierbretter sind ideal für Gleichgewichtsübungen, Bewegungskoordination und Körperwahrnehmung geeignet. Damit lassen sich auch sehr schön Schießspiele veranstalten, die gerade Kindern sehr viel Spaß machen.

Anhang 5: Begriffsdefinitionen (Glossar)

3D-Schießen: Disziplin beim Bogenschießen, bei der auf dreidimensionale Kunststofftiere geschossen wird. Meist auf einem Parcours, der durch einen Wald führt.

Anker / Ankerpunkt: Der Punkt, an dem der Zeigefinder der Zughand den Kieferknochen von unten, oder der Tab / Handschuh oder die Hand das Gesicht des Schützen berührt. Er sollte immer an der gleichen Stelle (je nach Disziplin) liegen um sichere und saubere Trefferlagen zu erreichen.

Armschutz: Ein Stück festen Materials, das dazu dient, den Bogenarm vor einer schmerzhaften Berührung durch die Sehne zu schützen. In der Regel ist der Armschutz aus Leder oder einem Kunststoffmaterial. Er liegt an der Innenseite des Unterarms des Bogenarms an. Für Anfänger empfiehlt sich ein Armschutz, welcher Unter- und Oberarm schützt.

Auszug: Der Auszug ist die in Inch gemessene Distanz / Auszugslänge, die der Bogenschütze beim Spannen des Bogens zurücklegt, um zu seinem Ankerpunkt zu kommen. Gemessen wird dabei von der Vorderkante des Bogens. Hiernach richtet sich die nötige Pfeillänge des Schützen. Ebenso sollte der Bogen (die Bogenlänge) zur Auszugslänge des Schützen passen.

Blankbogen: Bogen ohne jegliche Zielhilfe wie Visier und/oder Scope. Je nach Bogensportverband sind weitere Anbaukomponenten erlaubt.

Bogenarm: Arm und Hand, mit der der Bogen gehalten wird.

Bogenlänge: Bezeichnet die Gesamtlänge des Bogens. Diese wird bei Recurvebögen vom unteren bis zum oberen Wurfarm gemessen und angegeben. Es gibt Bögen von 48 Zoll bis 72 Zoll Länge. Welche Länge man verwendet, ist von der Auszugslänge und der Größe des Bogenschützen abhängig. Die Gesamtlänge kann beim Recurvebogen durch unterschiedliche Paarung des Mittelteils mit den Wurfarmen erreicht werden.

Bogenschlinge: Eine Schnurschlaufe, die als Arm- oder Fingerschlinge getragen wird und verhindert, dass dem Schützen der Bogen aus der Hand springt.

Compoundbogen: Der Compoundbogen ist die modernste Ausführung aller Bögen. Er ist im Vergleich mit dem Recurve- oder Langbogen wesentlich kürzer und besitzt an den Wurfarmenden drehbare Camwheels (Cams), die auf die Drehachse wirken.

Aufgrund der exzentrischen Aufhängung der Cams verändert sich der Angriffswinkel und der Hebelarm des Bogens. Die Cams besitzen zwei unterschiedliche Durchmesser auf denen die Kabel und Sehne eingehängt sind. Beim Ausziehen des Bogens entwickelt sich ein nicht linearer Kraftaufwand. Mit steigenden Auszug nimmt die Kraft zunächst stetig zu, um dann beim Überschreiten des sogenannten Gipfel-Zuggewichts stark abzunehmen. Der Bogenschütze hält dann bei dem voll ausgezogenen Bogen nur noch einen Bruchteil des Zuggewichtes. Die Reduzierung kann je nach Ausführung und Einstellung bis zu 80% betragen. Durch diese Kraftreduzierung kann der Schütze den Bogen ruhiger und länger halten, wobei auch das Zielen leichter fällt.

Aufgrund der hohen Abschussgeschwindigkeit werden diese Bögen mit einer mechanischen Auslösehilfe (Release = auslösen, ablassen) geschossen, um die Ablassfehler zu verringern. Ebenso wie beim Recurvebogen kommen noch ein Stabilisatorensystem, eine Visiereinrichtung mit Scope (Vergrößerungslinse) und eine Wasserwaage zum Einsatz.

Druckpunkt: Punkt am Griff, auf dem die Hauptdrucklast der Bogenhand wirkt. Der Druckpunkt sollte links von der Lebenslinie liegen.

Einnocken (Aufnocken): Aufschieben bzw. (bei Klemmnocken) Aufklemmen der Pfeilnocke auf die Sehne.

Feldbogenschießen: Eine Disziplin des Bogensports, bei der der Schütze in einem Gelände schießt. Es wird auf bekannte und unbekannte Entfernungen von 5 - 60 Meter geschossen. Je nach Parcours ist dieses Schießen sehr anspruchsvoll, da z.B. bergauf oder bergab geschossen werden muss und man dabei beim Schätzen der Entfernungen sehr viel Erfahrung braucht.

Fenster (Schussfenster): Großer Ausschnitt im Griffstück des Bogens,dass das Zielen erleichtert.

Fingerschlinge: Band mit Schlaufen, das um Daumen und Zeigefinger gelegt wird und die Funktion einer Bogenschlinge hat.

Geschlossener Stand: Fußstellung des Bogenschützen. Fußspitzen und Fersen stehen parallel zur Schließlinie. Gewichtsverteilung sollte ca. 60% auf den Fußballen und ca. 40% auf den Fersen sein.

Handschock: Rückschlag eines Teils der Schussenergie welches über den Griff in die Hand übertragen wird. Ein starker Handschock wird als sehr störend empfunden und kann auf Dauer sogar Schmerzen oder Verletzungen verursachen.

Instinktives Schießen: Besondere Erscheinungsform beim Bogenschießen, bei der der Schütze auf technische und sonstige Hilfsmittel verzichtet. Er zielt nicht, sondern hat sein "Ziel" lediglich kurz vor Augen, um dann zu lösen. Dabei werden beide Augen offen gehalten.

Klemmnocken: Pfeilnocke, in die die Sehne einrastet.

Klicker: Kleine Metallzunge, die am Schussfenster vor und oberhalb der Pfeilauflage montiert wird. Der Schütze schiebt seinen Pfeil beim Ziehen zwischen den Klicker um das Mittelstück des Bogens. Zieht der Schütze weit genug aus, schnellt der Klicker zurück, schlägt gegen das Mittelstück und es „klickt". Mit dieser Maßnahme kann der Schütze seine Auszugslänge, die immer die Gleiche sein sollte, optimal kontrollieren.

lb, lbs: Kürzel für englische Pfund. Ein übliches Gewichtsmaß im Bogensport. Ein englisches Pfund entspricht 453,59 Gramm.

Leerschuss: Beschreibt das Loslassen der Sehne, ohne dass ein Pfeil eingelegt wurde oder abgeschossen wurde. Leerschüsse lassen das Bogenmaterial stark leiden, was letztendlich die Zerstörung des Bogens und Verletzungen des Schützen zur Folge haben kann. Ein Leerschuss auf einem Compoundbogen führt zum Abspringen der Sehne aus den Cams. Die Sehne sollte umgehend erneuert werden.

Leitfeder / Hahnenfeder: Die Feder, die am Pfeil im rechten Winkel zur Nockenkerbe angebracht ist, zeigt beim Recurveschützen immer vom Bogen weg und beim Compoundschützen meist nach oben, um eine Berührung mit der Pfeilauflage oder dem Button zu verhindern. In der Regel unterscheidet sich diese Feder farblich von der restlichen Befiederung.

Linksschütze / Linkshandschütze: Der Bogenschütze zieht mit der linken Zughand die Sehne des Bogens aus und hält den Bogen mit der rechten Hand.

Lösen / Ablass: Unter dem Lösen/Ablass versteht man den Moment und die Art des Loslassens der Sehne beim Schuss. Hierbei sollte es zu einem sogenannten passiven Lösen kommen, d.h. die Finger der Zughand werden nicht bewusst geöffnet, sondern nur entspannt. Die Zugkraft des Bogens streckt in dem Moment die Finger der Zughand und rollt gleichmäßig über die Fingerspitzen ab. Die Zughand sollte dabei weitestgehend dem Zugarmellbogen folgen.

Mediterraner Griff: Von der Zughand befindet sich der Zeigefinger oberhalb, der Mittel- und der Ringfinger unterhalb des Pfeils.

Mittelteil: Der mittlere Teil eines Bogens, an dem die Wurfarme angebracht sind.

Mittelwicklung / Mittenwicklung: Umwicklung des mittleren Teils der Sehne, auf dem der Nockpunkt fixiert wird und die vor einer Abnutzung der Sehne durch eine Berührung mit dem Armschutz schützen soll.

Nachhalten (Follow through): Ruhiges Verweilen des Schützen in Schießhaltung nach dem Schuss. Beugt einem verfrühten Sinken lassen der/des Bogenhand/Bogenarms im Schussvorgang vor.

Nock(e): Einkerbung am Ende des Pfeils, mit der der Pfeil auf die Sehne aufgesetzt wird. Für Aluminiumpfeile gibt es sowohl einsetzbare wie aufschiebbare Nocken aus Kunststoff. Kunststoffnocken sind meistens als Klemmnocken ausgeführt.

Nockpunkt: Ist eine Markierung auf der Sehne, die anzeigt, wo der Pfeil aufgesetzt werden muss. Der Nockpunkt wird meist mit Klemmnockpunkten oder durch eine Wicklung fixiert. Der Nockpunkt darf sich nicht verändern und muss immer an derselben Stelle an der Sehne angebracht sein.

Offener Stand: Position der Füße auf der Schießlinie. Fußspitzen und Fersen stehen im Winkel von X-Grad zur Schießlinie. Gewichtsverteilung ca. 60% auf den Fußballen und ca. 40% auf den Fersen.

Parcours: Eine längere Strecke im Gelände, auf dem mehrere Tierscheiben/3D-Ziele aufgestellt sind.

Pfeilauflage: Hilfsmittel zum Auflegen des Pfeils, das im Schussfenster oder, bei Bogen ohne Schussfenster, seitlich am Griffbereich montiert wird.

Pfund: Im Bogensport wird in engl. Pfund (engl. pounds, lbs) gerechnet! Ein englisches Pfund entspricht 453,59 Gramm.

Pivot-Point: Bezeichnet in der Bogentechnik den Drehpunkt, um den der Bogen gedreht werden kann, aber auch den Schwerpunkt oder auch Gleichgewichtspunkt. Beim Bogen ist es der Punkt bezogen auf die Längsachse, bei dem sich der Bogen in der Waage hält. Dieser Punkt sollte idealerweise mit der tiefsten Stelle am Griff (Pivot-Point) übereinstimmen.

Rechtsschütze / Rechtshandschütze: Der Rechtshandschütze zieht mit der rechten Zughand die Sehne und hält mit dem linken Arm den Bogen.

Recurve: Ende des Wurfarms, das sich im Zeitpunkt des Lösens vom Schützen wegbiegt. In diesem Teil des Bogens wird beim "arbeitendem" also mitbiegendem Recurve die meiste potentielle Energie gespeichert. Beim starren Recurve wird lediglich durch den Hebeleffekt eine zusätzliche Beschleunigung erreicht.

Recurvebogen: Der Recurvebogen verdankt seinen Namen dem englischen Begriff recurve was übersetzt *zurückgebogen* bedeutet. Dieses bezieht sich auf die gebogene Form der Wurfarme. Der Bogen besteht aus mehreren Einzelteilen wie den Wurfarmen, dem Mittelstück, der Pfeilauflage und der Sehne. In der olympischen Form kommen noch Visier und Stabilisatoren hinzu. Da durch die zurückgebogenen Wurfarme mehr Energie erzeugt wird, erhöht sich zwangsweise der Wirkungsgrad und die Pfeilfluggeschwindigkeit erhöht sich gegenüber dem Langbogen um ein Vielfaches. Da die Sehne beim Recurvebogen auf den Wurfarmen liegt (beim Langbogen schwingt die Sehne freischwebend) dämpft sie beim Abschuss den sog. Handschock. Ebenso werden die auftretenden Schwingungen durch ein exakt eingestelltes Stabilisatorensystem gemindert.

Schaft: Ein Pfeil ohne Nocke, Spitze und Befiederung. Die Stärken sind meist in Zoll/Inch angegeben. Gebräuchlich sind, je nach Zuggewicht, drei Schaftstärken: 5/16 (8 mm), 11/32 (9 mm) oder 23/64 (9,5 mm). Bei Aluminiumschäften wird die Schaftstärke mit einer vierstelligen Zahl angegeben, z. B. 1816. Die „18" steht dabei für den Außendurchmesser des Pfeils, gemessen in 00/64 Zoll, während die „16" die Wandstärke des Pfeils in tausendstel Zoll angibt.

Schaftgewicht: Eigengewicht der Schäfte, meistens angegeben in Grain. Die Pfeile eines Bogens sollten alle gleich schwer sein, da sonst eine große Streuung in der Höhenlage entsteht. Schäfte mit höherem Gewicht sind langsamer, übertragen aber mehr Energie.

Schaftmaterial: Für traditionelle Pfeile: Holz, Zitterpappel, Zeder, Kiefer, Lärche, Esche oder Bambus. Ansonsten Aluminium, Kohlefaser (Carbon), oder Verbundwerkstoffe (Alu/Carbon).

Sehne: Schnur, die den Bogen spannt. Traditionell aus Tiersehnen, Rohhaut, Hanf, oder Leinen/Flachs; heute jedoch meist aus Kunstfaser (Dacron, Fast-Flight oder ähnlichen Kunststofffasern).

Standhöhe / Spannhöhe: Abstand der Sehne bis zur tiefsten Stelle des Griffes, hier Pivot-Point. Jeder Hersteller gibt für seine Bogen eine bestimmte Standhöhe vor.

Spine: Steifigkeit des Pfeiles.

Spinewert: Steifheitswert eines Pfeils. Dieser Wert wird gemessen, indem man ein Gewicht von 2 lbs auf die Mitte des Schaftes legt, der an seiner Spitze und am Schaftende auf einer Auflage liegt, und dann die dadurch entstehende Durchbiegung misst.

Streifschutz: auch Brustschutz. Schützt bei Rechtshändern nicht nur die linke Brustseite (bei Linkshändern die rechte) vor schmerzhaften Berührungen mit der Sehne, sondern dient auch dazu, die Kleidung an den Körper zu pressen, um so ein Streifen der Sehne am Körper, das ein Ablenken des Pfeils zur Folge haben kann, zu verhindern.

Stützseite: Die Stützseite ist die Körperseite, deren Arm und Hand den Bogen hält. Bei einem Rechtshandschützen ist dies die linke, bei einem Linkshandschützen die rechte Seite.

T: Synonym für das optimale Verhältnis von Wirbelsäule und Schultern beim Bogenschützen. Gerade Wirbelsäule und beide Schultern auf gleicher Höhe und tief gestellt. Besonders bei Bergauf- und Bergabschüssen ist es wichtig, den Körper in der Hüfte zu beugen, damit das **T** im Oberkörperbereich gerade bleibt. Anderenfalls verändert sich die Auszugslänge und damit die Höhenlage der Treffer im Verhältnis zur Visierlinie.

Tab: Fingerschutz, der meist aus Leder besteht. Der Tab liegt zwischen den Fingern und der Sehne und verhindert somit ein schmerzhaftes Lösen der Sehne. Zur Sehnenseite hin oftmals auch mit Fellbesatz.

Tiller: Beschreibt das Biegeverhältnis des unteren Wurfarms zum oberen Wurfarm. Man unterscheidet den statischen und den dynamischen Tiller.

Tillern: Arbeitsschritt der Bogenherstellung, bei dem der Bogen langsam mehr und mehr ausgezogen wird. Dabei wird laufend die Biegung kontrolliert und ggf. korrigiert. Bei Recurvebögen wird der untere Wurfarm getillert. Oft werden auch beide Wurfarme getillert um das Spanngewicht/Auszugsgewicht zu erhöhen.

Tips: Enden der Wurfarme, die hier etwas steifer gearbeitet sind, so dass sie sich beim Auszug nicht mitbiegen.

Tuning: Feinabstimmung des verwendeten Materials der Bogensportausrüstung zur optimalen Ausnutzung ihres Potentials.

Untergriff: Die Sehne wird mit drei Fingern unterhalb des Pfeils gegriffen. Erfordert einen aufgeklemmten Nockpunkt und Klemmnocken, damit der Pfeil beim Auszug nicht verrutscht oder abfällt. Für traditionelles Schießen unüblich.

Wurfarm: Oberer und unterer Teil des Bogens, in dem die potentielle Energie gespeichert wird und der sich beim Auszug biegt. Durch das entspannte Lösen des Bogenschützen wird die gespeicherte Energie frei gegeben. Der Schuss erfolgt und der Pfeil fliegt in Zielrichtung.

Zielauge: Bei jedem Menschen gibt es ein dominantes Auge, d.h. es übernimmt beim Sehen die Führung.

Zuggewicht: Beim Spannen des Bogens die zu überwindende Kraft. Die Vereinigung der Bogenhersteller (AMO) hat sich darauf geeinigt, das Bogenzuggewicht auf eine Standard-Auszugslänge von 28 Zoll zu beziehen. Gemessen wird von der Bogenvorderkante bis zur Nockkerbe. Bei einer längeren Auszugslänge erhöht sich das Zuggewicht des Bogens und bei einer kürzen Auszugslänge verringert sich das auf dem Bogen angegebene Zuggewicht. Zu überprüfen mit einer Bogenwaage.

Zugseite: Arm und Hand der Zugseite zeihen die Sehne. Dies ist bei einem Rechtshandschützen die rechte Körperseite und beim Linkshandschützen die linke Körperseite.

Anhang 6: Literaturverzeichnis

Haidn, Oliver u.a.: Aktiv und fit bleiben mit Bogenschießen. Spitta Verlag, Balingen 2017

Haidn, Oliver u.a.: Bogenschießen – Trainings- und bewegungswissenschaftliche Grundlagen. 2. Auflage. Spitta Verlag, Balingen 2010

Heim, Katja und Wendland, K.M.: Pfeil und Bogen. 8. Auflage. Hugendubel Verlag, München 1997

Henderson, Al: Bogenschießen verstehen heißt siegen. Robin Sport, Dorsten ohne Jahr

Mehlhaff, Bert und Berg, Martina: Bogenpass für Compound-bogen mit Tuning-Tipps. Deutscher Bogensportverlag, Bad Pyrmont 2015

Mehlhaff, Bert und Berg, Martina: Bogenpass für Recurvebogen mit Tuning-Tipps. Deutscher Bogensportverlag, Bad Pyrmont 2015

Mehlhaff, Bert und Berg, Martina: Bogensport im Verein. Gründung und Führung einer Bogensportabteilung. Kindle E-Book. Deutscher Bogensportverlag, Bad Pyrmont 2015

Mehlhaff, Bert und Berg, Martina: Bogensport-Lexikon. Von A wie Ablass bis Z wie Zughand. Kindle E-Book. Deutscher Bogensportverlag, Bad Pyrmont 2015

Mehlhaff, Bert und Berg, Martina: Schießbuch für Bogenschützen. 2. Auflage. Deutscher Bogensportverlag, Bad Pyrmont 2016

Mehlhaff, Bert und Berg, Martina: Schießen mit dem Compoundbogen. Eine kurze Einführung für Einsteiger. Kindle E-Book. Deutscher Bogensportverlag, Bad Pyrmont 2015

Mehlhaff, Bert und Berg, Martina: Sehnenbau und Befiederung. Eine bebilderte Anleitung für Bogenschützen. Kindle E-Book. Deutscher Bogensportverlag, Bad Pyrmont 2015

Mehlhaff, Bert und Berg, Martina: Turnier-Ratgeber für Bogenschützen. Deutscher Bogensportverlag, Bad Pyrmont 2015

Meissner, Harald und Schmidbauer, Ulrich: Compoundschießen - Aber richtig! Teil 1: Für Anfänger und Fortgeschrittene. Vorderegger & Partner, Koppl 2009

Meissner, Harald und Schmidbauer, Ulrich: Compoundschießen - Aber richtig! Teil 2: Für Fortgeschrittene und Experten. Vorderegger & Partner, Koppl 2012

Thompson, Maurice: Der Zauber des Bogenschiessens. The Witchery of archery. Vorderegger & Partner GmbH, Koppl 2012

Sachregister